PROJETO Buriti

Buriti História

2

Organizadora: Editora Moderna
Obra coletiva concebida, desenvolvida
e produzida pela Editora Moderna.

Editora Executiva: Marisa Martins Sanchez

2ª edição

Moderna

Moderna

Elaboração de originais

Rosane Cristina Thahira
Bacharel em História pela Faculdade de Filosofia, Letras e Ciências Humanas da Universidade de São Paulo.
Licenciada pela Faculdade de Educação da Universidade de São Paulo.

Regina Maria de Oliveira Ribeiro
Bacharel em História pela Faculdade de Filosofia, Letras e Ciências Humanas da Universidade de São Paulo.
Licenciada em História pela Faculdade de Educação da Universidade de São Paulo.
Mestre em Didática, Teorias do Ensino e Práticas Escolares pela Faculdade de Educação da Universidade de São Paulo.

Marilia Juremeira
Bacharel em História pela Faculdade de Filosofia, Letras e Ciências Humanas da Universidade de São Paulo.
Licenciada pela Faculdade de Educação da Universidade de São Paulo.

César Costa Jr.
Bacharel em História pela Faculdade de Filosofia, Letras e Ciências Humanas da Universidade de São Paulo.
Licenciado em História pela Faculdade de Educação da Universidade de São Paulo.

Letícia Fagundes de Oliveira
Bacharel em História pela Faculdade de Filosofia, Letras e Ciências Humanas da Universidade de São Paulo.
Licenciada em História pela Faculdade de Educação da Universidade de São Paulo.
Mestre em História Social pela Faculdade de Filosofia, Letras e Ciências Humanas da Universidade de São Paulo.

Coordenação editorial: Rosane Cristina Thahira
Edição de texto: Rosane Cristina Thahira
Assistência editorial: Samanta Costa
Assessoria de projeto: Isabel Farah Schwartzman
Preparação de texto: Cintia Shukusawa Kanashiro
Coordenação de *design* e projetos visuais: Sandra Botelho de Carvalho Homma
Projeto gráfico: Marta Cerqueira Leite
Capa: Marta Cerqueira Leite
Ilustração de capa: André Neves
Descrição: Fundação Casa de Jorge Amado, Salvador, Bahia.
Coordenação de produção gráfica: André Monteiro, Maria de Lourdes Rodrigues
Coordenação de arte: Maria Lúcia Ferreira Couto
Edição de arte: Rodrigo Carraro Moutinho
Ilustrações: Alexandre Matos, Bruna Brito, Edde Wagner, Hugo Araújo, Isabelle Barreto, Leninha Lacerda, Lúcia Brandão, Rogério Soud, Roko, Romont Willy, Sabrina Eras, Sattu, Tatiana Paiva da Silva
Cartografia: Alessandro Passos da Costa, Anderson de Andrade Pimentel, Fernando José Ferreira
Coordenação de revisão: Elaine Cristina del Nero
Revisão: Afonso N. Lopes, Ana Cortazzo, Ana Maria de C. Tavares, Fernanda Marcelino, Luís Maurício Boa Nova, Nancy H. Dias
Coordenação de pesquisa iconográfica: Ana Lucia Soares
Pesquisa iconográfica: Ana Claudia Fernandes, Etoile Shaw, Felipe Campos, Leonardo de Sousa Klein, Maiti Salla, Odete Ernestina Pereira, Priscila Garofalo
As imagens identificadas com a sigla CID foram fornecidas pelo Centro de Informação e Documentação da Editora Moderna.
Coordenação de *bureau*: Américo Jesus
Tratamento de imagens: Arleth Rodrigues, Fabio N. Precendo, Pix Art, Rubens M. Rodrigues
Pré-impressão: Alexandre Petreca, Everton L. de Oliveira Silva, Helio P. de Souza Filho, Marcio H. Kamoto
Coordenação da produção industrial: Wilson Aparecido Troque
Impressão e acabamento:

Dados Internacionais de Catalogação na Publicação (CIP)
(Câmara Brasileira do Livro, SP, Brasil)

Projeto Buriti : história / organizadora Editora Moderna ; obra coletiva concebida, desenvolvida e produzida pela Editora Moderna . — 2. ed. — São Paulo : Moderna, 2010. — (Projeto Buriti)

Obra em 4 v. para alunos do 2º ao 5º ano.

1. História (Ensino fundamental) I. Série.

10-06777 CDD-372.89

Índices para catálogo sistemático:
1. História : Ensino fundamental 372.89

ISBN 978-85-16-06793-9 (LA)

EDITORA MODERNA LTDA.
Rua Padre Adelino, 758 - Belenzinho
São Paulo - SP - Brasil - CEP 03303-904
Vendas e Atendimento: Tel. (0_ _11) 2602-5510
Fax (0_ _11) 2790-1501
www.moderna.com.br
2010
Impresso no Brasil

1 3 5 7 9 10 8 6 4 2

Neste ano, esperamos que você:

Além de tudo isso, desejamos que você cresça aprendendo e seja sempre feliz!

Os editores

Conheça seu livro

Bem-vindo! Seu livro está dividido em 9 unidades. Veja o esquema da unidade.

Abertura de unidade

Nas páginas de abertura, você vai observar imagens.

Há sempre um desafio, em que você mostrará o que já sabe. Você vai perceber que já sabe muitas coisas...

Tema

No estudo dos temas, você vai aprender muitas coisas novas! E há muito a aprender, você vai ver...

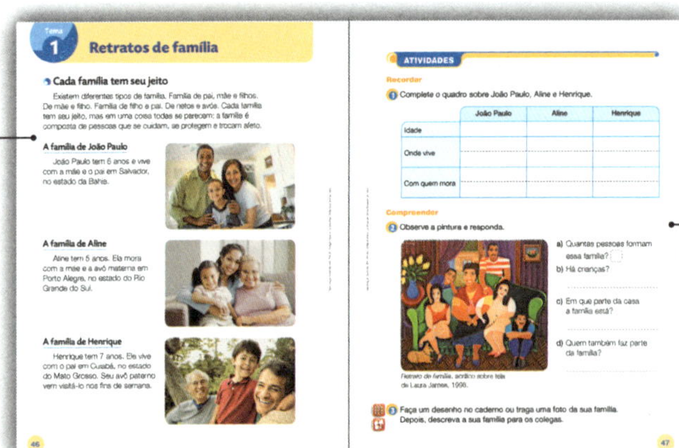

Atividades

Nas *Atividades*, você vai exercitar o que aprendeu. Existem muitos desafios esperando por você nas atividades!

O que você aprendeu

Nestas páginas, você vai encontrar mais atividades para rever o que estudou na unidade.

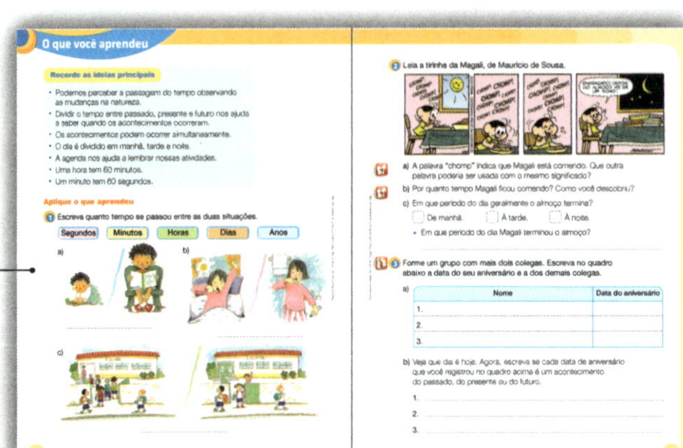

Para ler e escrever melhor

Você vai ler um texto e perceber como ele está organizado. Depois, vai escrever um texto com a mesma organização. Assim, você aprenderá a ler e a escrever melhor.

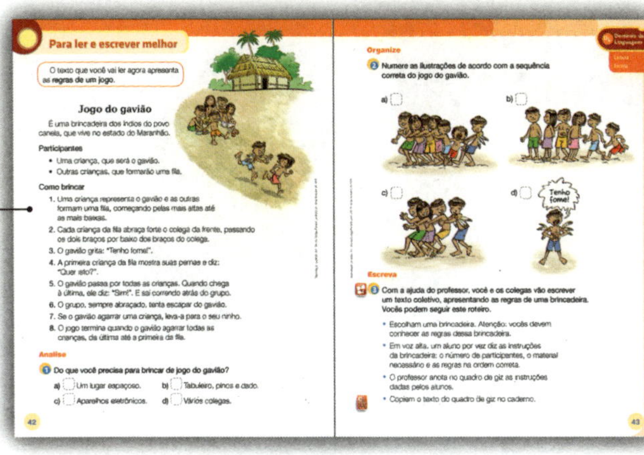
Para ler e escrever melhor

Jogo do gavião

O mundo que queremos

Você vai ler, refletir e realizar atividades sobre atitudes: como se relacionar com as pessoas, valorizar e respeitar as diferentes culturas, colaborar para preservar o meio ambiente...

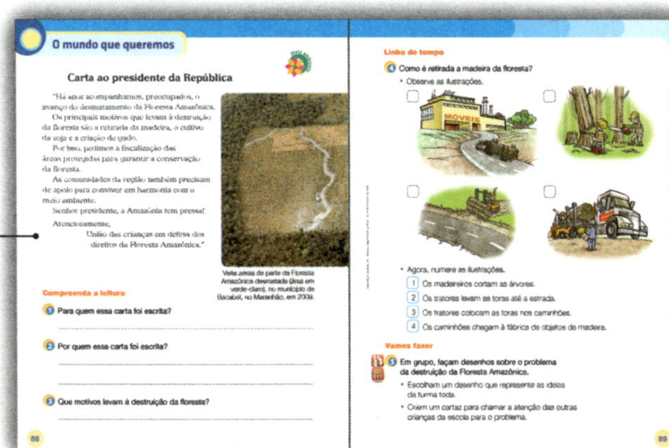
O mundo que queremos

Carta ao presidente da República

No final do livro, você também encontrará:

Meu Vocabulário

Você vai aprender melhor algumas palavras importantes em História.

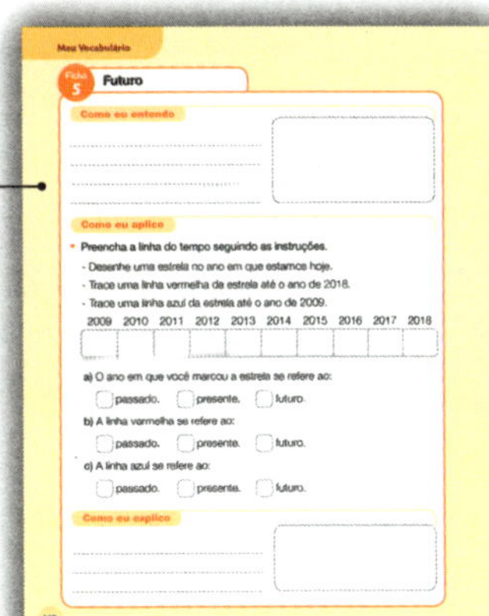
Meu Vocabulário

Futuro

Ícones utilizados

Ícones que indicam como realizar algumas atividades

Atividade no caderno | Atividade oral | Dupla | Grupo | Desenho

Ícones que indicam trabalho com temas transversais

Formação cidadã | Pluralidade cultural | Meio ambiente | Saúde

Sumário

a nossa escola!

Unidade 1

Muito prazer, eu sou criança

Lendo a imagem

Observe as pessoas que aparecem na imagem.

1 Como elas são fisicamente? Elas são parecidas ou diferentes?

2 O que elas estão fazendo?

3 Como você acha que é o jeito de ser de cada uma?

O que você sabe?

4 Observe os colegas de classe. Eles são parecidos ou diferentes fisicamente?

5 As pessoas que você conhece têm o mesmo jeito de ser?

Tema 1

Cada um tem um jeito de ser

Qual é o seu jeito de ser?

Você tem irmão ou irmã? O que cada um de vocês gosta de fazer?

Observe que o seu pai, a sua mãe, os seus irmãos e os seus avós têm um jeito de ser diferente do seu.

Cada um tem o seu jeito de andar, de falar, as suas preferências e seu modo de conviver com outras pessoas.

Uma pessoa é diferente da outra

Você já reparou que as outras crianças também têm o próprio jeito de ser e de conviver com as pessoas? Que diferenças você observa entre você e os seus colegas?

Uma receita diferente

Receita de se olhar no espelho

"se olhe de frente
de lado
de costas
de cabeça para baixo
pinte o espelho
de azul dourado vermelho
faça caretas ria sorria
feche os olhos abra os olhos
e se veja sempre surpresa
quem é você?"

Roseana Murray. *Receitas de olhar*.
São Paulo: FTD, 1997. p. 12.

ATIVIDADES

Recordar

1 O que o poema pede que se faça?

____

____

Compreender

2 Responda à pergunta que aparece no poema: quem é você?

Meu nome completo é: .... *Cidade onde nasci:* .... *Data de nascimento:* .... / .... / .... *Nome da minha mãe:* .... *Nome do meu pai:*	**Cole aqui uma foto sua.**

Vamos fazer

3 Junte-se a um colega e façam o que é dito no poema. Um deve observar o jeito do outro.

a) Faça um desenho do seu colega.

b) O seu colega vai fazer um desenho de você.

c) Compare a sua foto da atividade anterior com o desenho que o colega fez de você.

d) São parecidos? São diferentes? Explique aos colegas.

Tema 2

Descobrindo a minha história

A sua história começou quando você nasceu

Você tem a sua própria história desde que nasceu. Você cresceu e aprendeu a falar, a andar, a correr e a brincar.

Na escola você começou a aprender a ler e a escrever. Também está conhecendo muitas outras coisas.

A linha do tempo

Desde que você nasceu muitas coisas aconteceram. A cada dia, a cada ano que passa, a história da sua vida aumenta um pouco.

Uma maneira de organizar acontecimentos é fazer uma **linha do tempo**. Para elaborar uma linha do tempo, escolhemos os acontecimentos mais importantes de um certo período. Esse período pode ser curto ou longo, dividido por dias, anos ou séculos.

Glossário

Século: cem anos.

Documentos da nossa história

Você sabe o que são **documentos**? São papéis importantes que identificam uma pessoa. Servem para diferenciar uma pessoa da outra.

Com os documentos, as crianças têm o direito de ir à escola, de tomar vacinas contra doenças, entre outras coisas.

ATIVIDADES

Linha do tempo

1 Vamos montar uma **linha do tempo** da sua vida.

2004	2005	2006	2007	2008	2009	2010	2011	2012	2013	2014

a) Desenhe uma estrela embaixo do ano em que você nasceu.

b) Desenhe outra estrela embaixo do ano em que estamos agora.

c) Pinte com a cor da sua preferência os espaços entre as duas estrelas que você desenhou.

d) O que é essa parte pintada?

- [ ] É o dia em que eu nasci.
- [ ] É o documento que me identifica.
- [ ] É o meu tempo de vida.

Investigar

2 Peça ajuda aos seus pais para responder às perguntas.

a) Quem escolheu o meu nome?

____

b) Por que esse nome foi escolhido?

____

c) O que o meu nome significa?

____

Eu tenho documentos

Fatos importantes são registrados

Quando você nasceu foi feito um documento chamado **certidão de nascimento**. Na certidão estão registradas informações sobre a sua história: seu nome, nome dos seus pais e dos seus avós, local, data e hora do seu nascimento, nome do hospital e data do registro do documento.

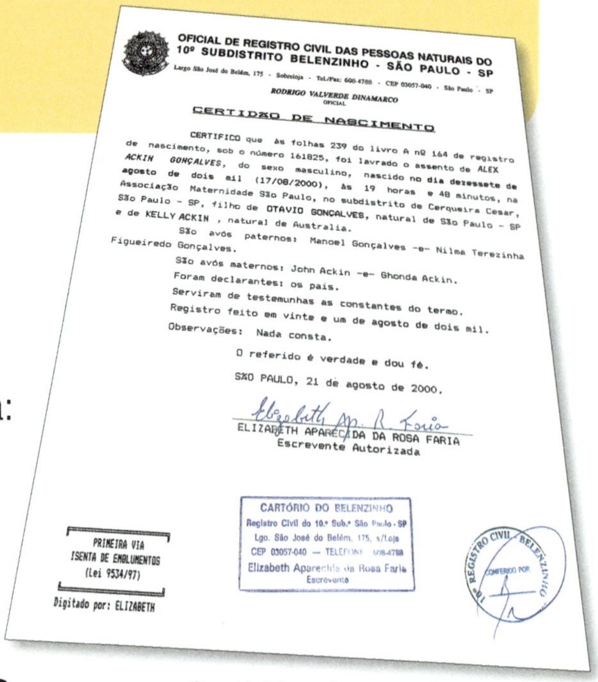

OFICIAL DE REGISTRO CIVIL DAS PESSOAS NATURAIS DO 10º SUBDISTRITO BELENZINHO - SÃO PAULO - SP

Largo São José do Belém, 175 - Sobreloja - Tel./Fax: 608-4788 - CEP 03057-040 - São Paulo - SP

RODRIGO VALVERDE DINAMARCO
OFICIAL

CERTIDÃO DE NASCIMENTO

CERTIFICO que às folhas 239 do livro A nº 164 de registro de nascimento, sob o número 161825, foi lavrado o assento de ALEX ACKIN GONÇALVES, do sexo masculino, nascido no dia dezessete de agosto de dois mil (17/08/2000), às 19 horas e 48 minutos, na Associação Maternidade São Paulo, no subdistrito de Cerqueira Cesar, São Paulo - SP, filho de OTAVIO GONÇALVES, natural de São Paulo - SP e de KELLY ACKIN, natural de Australia.

São avós paternos: Manoel Gonçalves -e- Nilma Terezinha Figueiredo Gonçalves.

São avós maternos: John Ackin -e- Ghonda Ackin.

Foram declarantes: os pais.

Serviram de testemunhas as constantes do termo.

Registro feito em vinte e um de agosto de dois mil.

Observações: Nada consta.

O referido é verdade e dou fé.

SÃO PAULO, 21 de agosto de 2000.

ELIZABETH APARECIDA DA ROSA FARIA
Escrevente Autorizada

PRIMEIRA VIA
ISENTA DE EMOLUMENTOS
(Lei 9534/97)

Digitado por: ELIZABETH

CARTÓRIO DO BELENZINHO

Certidão de nascimento.

As pessoas têm vários documentos

A certidão de nascimento não é o único documento que uma pessoa pode ter. Veja outros exemplos de documentos.

- **Carteira de identidade:** como o nome indica, serve para identificar. Com esse documento, você comprova quem é.
- **Caderneta de vacinação:** registra as vacinas que uma pessoa tomou e as que falta tomar.
- **Passaporte:** é necessário para poder viajar a outros países.
- **Título de eleitor:** usado para votar em eleições. Somente as pessoas com 16 anos ou mais podem ter título de eleitor.
- **Carteira de motorista:** permite dirigir veículos. Somente pessoas com 18 anos ou mais e habilitadas podem ter carteira de motorista.

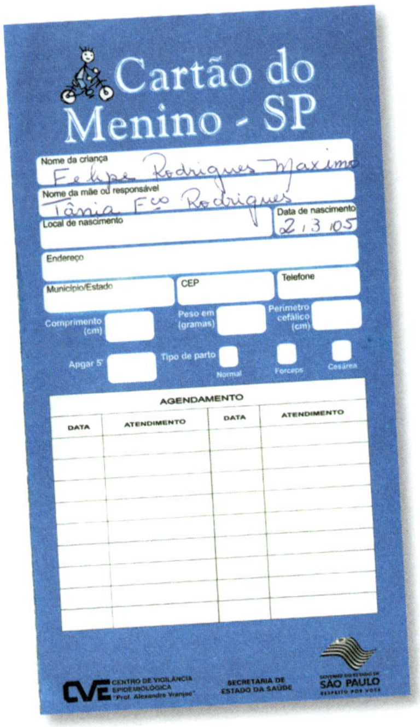

Caderneta de vacinação.

Os documentos são importantes e devem ser bem conservados. Por isso, não risque, amasse, rasgue nem molhe seus documentos!

Carteira de identidade.

ATIVIDADES

Compreender

1 Marque com X quais desses documentos você já tem.

a) ☐ Carteira de identidade

b) ☐ Passaporte

c) ☐ Certidão de nascimento

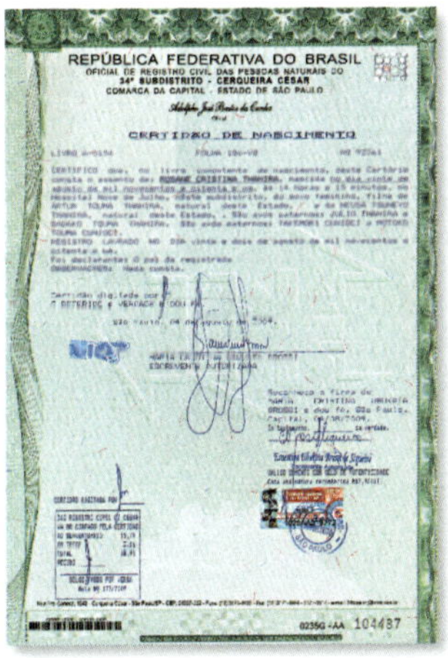

d) ☐ Caderneta de vacinação

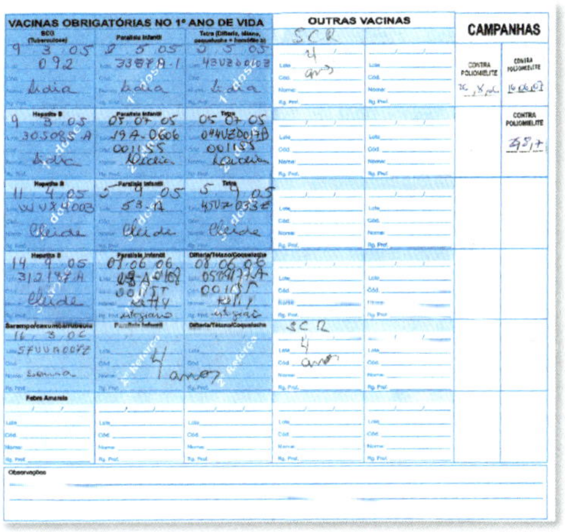

e) ☐ Título de eleitor

f) ☐ Carteira de motorista

- Por que você não pode ter carteira de motorista nem título de eleitor?

Investigar

2 Com a ajuda de um adulto, observe sua caderneta de vacinação.

a) Quais vacinas você já tomou?

b) Qual foi a última vacina que você tomou? Quando foi?

O que você aprendeu

Recorde as ideias principais

- Cada um tem um jeito de ser e de conviver.
- A sua história começou no dia em que você nasceu.
- A linha do tempo serve para registrar os acontecimentos de forma organizada.
- Documentos são papéis que identificam uma pessoa.
- Existem vários documentos. Cada um tem uma função.

Aplique o que aprendeu

1 Leia o que é dito nos balões e escreva o nome de cada documento.

- Certidão de nascimento
- Caderneta de vacinação
- Carteira de identidade
- Título de eleitor

a)

____

b)

____

c)

____

d)

____

2 O poema de Tatiana Belinky descreve o jeito de ser de diferentes crianças.

Diversidade

"Um é tranquilo
Outro é nervoso
Um é birrento
Outro é dengoso

Um, preguiçoso
Outro, animado
Um é falante
Outro é calado [...]

Um é ligeiro
Outro é mais lento
Um é branquelo
Outro sardento

Cada um na sua
E não faz mal
Di-ver-si-da-de
É que é legal!"

Tatiana Belinky. *Diversidade*.
São Paulo: Quinteto, 1999. p. 8, 10, 12 e 33.

a) Quais jeitos de ser são indicados no poema?

b) Seu jeito de ser é parecido com algum dos citados no poema? Qual(is)?

c) Na sua opinião, o que significa a palavra "diversidade"? Converse com os colegas sobre isso.

Reflita

3 Imagine se todos fossem iguais na aparência e no jeito de ser. Como seria a convivência entre as pessoas? Você aprenderia mais ou menos? Como seria o mundo se as pessoas pensassem e agissem da mesma forma?

Leia a **descrição** de duas crianças do povo indígena barasana.

Crianças barasanas

O menino e a menina barasanas mostrados nas fotos vivem na aldeia Rouxinol, que se localiza em Manaus, no estado do Amazonas.

O menino barasana tem 7 anos. Sua pele tem coloração marrom--avermelhada. O cabelo é liso, preto e curto.

Esse menino gosta muito de brincar na mata. Ele se diverte ao subir em árvores, nadar no rio e brincar com outras crianças. Ele está sempre alegre e, logo que acorda, o seu rosto já mostra um sorriso.

A menina barasana tem 8 anos. Sua pele também é marrom-avermelhada. O cabelo é preto, bem liso, na altura dos ombros.

Essa menina é muito extrovertida e sempre convida outras crianças para brincar. Uma de suas brincadeiras favoritas é o telefone de lata. Criativa, ela inventa frases engraçadas durante essa brincadeira.

Analise

1 Quais informações sobre as crianças barasanas aparecem no texto?

- [ ] Aparência.
- [ ] O que estudam na escola.
- [ ] O que gostam de fazer.
- [ ] O jeito de ser.

Organize

2 Preencha o quadro com as informações que faltam.

	 Menino	 Menina
Características físicas		
Brincadeiras de que gosta		
Jeito de ser		

3 Agora, preencha o quadro com informações sobre um colega.

Características físicas	
Brincadeiras de que gosta	
Jeito de ser	

Escreva

4 Com base nas informações do quadro, escreva um pequeno texto descrevendo seu colega.

Unidade 2

A passagem do tempo

Lendo as imagens

As imagens mostram três momentos da vida da personagem Carl Fredricksen.

1 Como é a aparência de Carl Fredricksen em cada momento? O que mudou? O que permaneceu igual?

2 Quanto tempo se passou entre o primeiro e o terceiro momento?

3 Carl Fredricksen é idoso. Ele viveu mais ou menos tempo que você?

O que você sabe?

4 Quanto tempo se passou desde o dia em que você nasceu?

5 Que mudanças do seu corpo mostram que o tempo passou?

Cenas do filme *Up – Altas aventuras* (Estados Unidos, 2009), dirigido por Pete Docter.

A vida no tempo

O tempo da vida

Existe uma coisa que você não pode ver, ouvir, cheirar nem tocar. Essa coisa vai para a frente sem parar. É o **tempo**!

Como percebemos o tempo passar?

Você pode perceber o tempo passar em vários momentos.

- Quando chega a hora de entrar na sala de aula e a de ir embora.
- Quando pensa em quantos dias faltam para o seu aniversário.
- Quando ouve ou lê histórias de outras épocas.

Que outras situações fazem você sentir o tempo passar?

Mudanças com o passar do tempo

Também podemos perceber a passagem do tempo observando a natureza. Quando o Sol surge pela manhã, sabemos que é o começo de um novo **dia**. Quando o Sol se põe e começa a escurecer, sabemos que a **noite** está chegando.

Os seres vivos também carregam marcas do tempo. Observe que, desde o seu nascimento, você passou por muitas mudanças. Seus dentes nasceram, você cresceu, aprendeu a engatinhar e a andar.

Uma forma de perceber a passagem do tempo é observar as mudanças na natureza. Veja como a planta de soja cresceu e se transformou com o tempo.

ATIVIDADES

Compreender

1. Em quais situações percebemos a passagem do tempo?

a) ☐

Gata com três meses.

Gata com um ano.

b) ☐

Sérgio com um ano.

Sérgio com dezessete anos.

c) ☐

Tatiana escrevendo.

2. Compare as fotos de Dona Antônia. Observe o cabelo, o rosto e as roupas dela. Como Dona Antônia era em 1980? E em 2010?

Dona Antônia, com 30 anos, em 1980.

Dona Antônia, com 60 anos, em 2010.

Tema 2

Ontem, hoje, amanhã

Os acontecimentos no tempo

Ao notar a passagem do tempo, percebemos que os acontecimentos podem ocorrer no momento em que estamos vivendo, ou podem acontecer antes ou depois desse momento.

O **presente** é o momento que você está vivendo agora, lendo este livro.

O **passado** é o tempo que já passou. Pode ser um passado próximo, como o dia de ontem, ou distante, como o dia em que você nasceu. Também pode ser mais distante ainda, como o dia em que o seu avô nasceu.

O **futuro** é o tempo que ainda está para chegar. Você pode imaginar, sonhar e esperar alguma coisa para amanhã, para o próximo mês, para o ano que vem...

Ao mesmo tempo

Os acontecimentos podem não ocorrer sempre um depois do outro, em sequência. Muitos acontecimentos são **simultâneos**. Isso quer dizer que eles acontecem ao mesmo tempo.

Às dez horas, duas classes estão tendo aulas diferentes. Isso significa que os dois acontecimentos são simultâneos.

ATIVIDADES

Compreender

1 Leia os balões e escreva se cada situação se refere ao passado, ao presente ou ao futuro.

a)

____

b)

____

c)

____

d)

____

2 Escreva no quadro o que você fazia no passado, o que você faz no presente e o que você quer fazer no futuro.

	Aos 4 anos	Aos 7 anos	Aos 12 anos
Na escola			
Nas férias			

Um dia depois do outro

Como dividimos o dia

Dividimos o tempo de um dia em **manhã**, **tarde** e **noite**. Em cada um desses períodos realizamos diversas atividades. As tarefas que uma pessoa faz em um período podem ser parecidas com as atividades feitas por outra ou ser bem diferentes.

Para lembrarmos nossas atividades

Você sabe o que é agenda? Agenda é um caderno diferente: ela serve para registrar as atividades que serão realizadas em um dia. Ao anotar nossas tarefas na agenda, podemos nos organizar e lembrar o que temos para fazer!

Na agenda, dividimos o dia em horas. A hora é uma forma de medir o tempo. Cada hora tem 60 minutos. Por sua vez, cada minuto tem 60 segundos. O segundo é um momento muito rápido, como quando piscamos os olhos.

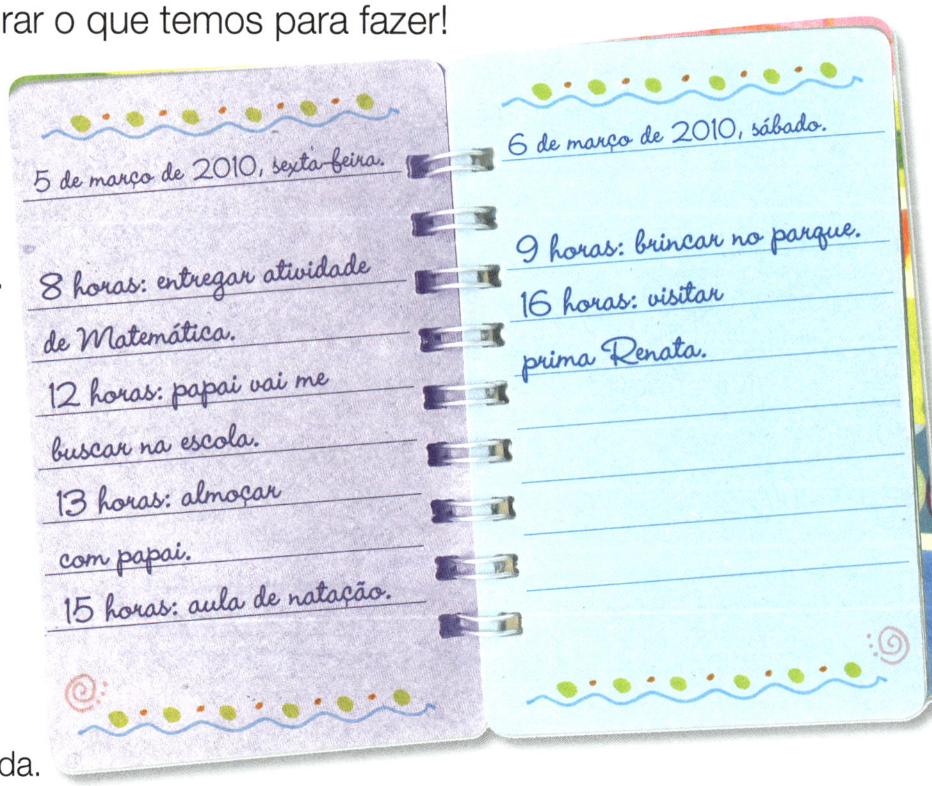

Agenda.

ATIVIDADES

Compreender

1 O que você consegue fazer em:

a) um segundo? b) um minuto? c) uma hora?

2 Leia o que Laura e Beatriz anotaram em suas agendas.

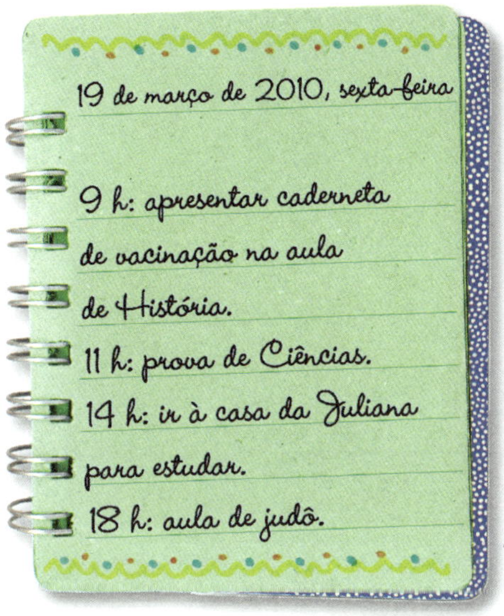

Agenda de Laura.

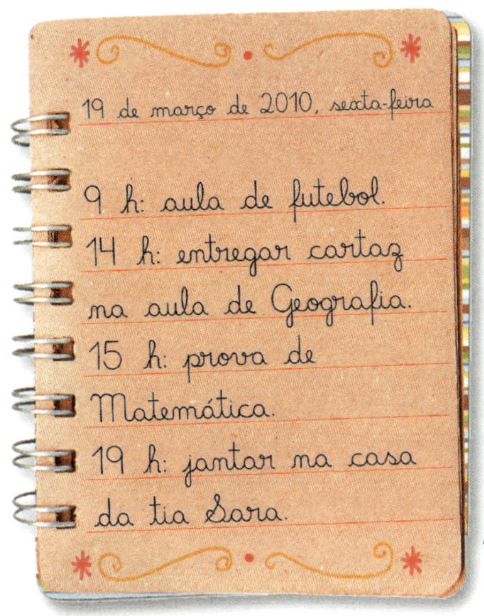

Agenda de Beatriz.

a) Que atividades Laura e Beatriz realizaram de manhã, à tarde e à noite?

	Laura	Beatriz
Manhã		
Tarde		
Noite		

b) Laura e Beatriz vão à escola no mesmo período do dia? Explique.

c) Que atividades foram realizadas simultaneamente?

O que você aprendeu

Recorde as ideias principais

- Podemos perceber a passagem do tempo observando as mudanças na natureza.
- Dividir o tempo entre passado, presente e futuro nos ajuda a saber quando os acontecimentos ocorreram.
- Os acontecimentos podem ocorrer simultaneamente.
- O dia é dividido em manhã, tarde e noite.
- A agenda nos ajuda a lembrar nossas atividades.
- Uma hora tem 60 minutos.
- Um minuto tem 60 segundos.

Aplique o que aprendeu

1 Escreva quanto tempo se passou entre as duas situações.

Segundos | Minutos | Horas | Dias | Anos

a)

____

b)

____

c)

____

2 Leia a tirinha da Magali, de Mauricio de Sousa.

a) A palavra "chomp" indica que Magali está comendo. Que outra palavra poderia ser usada com o mesmo significado?

b) Por quanto tempo Magali ficou comendo? Como você descobriu?

c) Em que período do dia geralmente o almoço termina?

☐ De manhã. ☐ À tarde. ☐ À noite.

- Em que período do dia Magali terminou o almoço?

____

3 Forme um grupo com mais dois colegas. Escreva no quadro abaixo a data do seu aniversário e a dos demais colegas.

a)

Nome	Data do aniversário
1.	
2.	
3.	

b) Veja que dia é hoje. Agora, escreva se cada data de aniversário que você registrou no quadro acima é um acontecimento do passado, do presente ou do futuro.

1. ______________________________

2. ______________________________

3. ______________________________

O mundo que queremos

O povo munduruku vive em terras dos estados do Amazonas, Mato Grosso e Pará. Eles contam a história a seguir para explicar a chegada da noite.

As serpentes que roubaram a noite

"Fazia pouco tempo que o mundo era mundo e [...] já reinava a insatisfação. E isso porque a noite nunca chegava — ela, que iria permitir que pessoas e animais repousassem um pouco. [...]

Felizmente, um belo dia, os índios descobriram quem havia escondido a noite: as serpentes! [...]

Karu Bempô, o mais valoroso dos guerreiros indígenas, foi falar com Surucucu, a grande chefe das serpentes. [...]

— Quem se atreve a me incomodar, gritou a serpente, erguendo a cabeça.

— Sou eu, Karu Bempô [...]. Dizem que as serpentes esconderam a noite. [...]

— Conversei com as outras serpentes a esse respeito e decidimos que trocaríamos uma noite longa por uma jarra cheia daqueles venenos que teu povo coloca nas flechas. [...]

Todos começaram a juntar veneno — às vezes, apenas uma gota — para encher a jarra.

O jovem retornou à floresta [...]. Surucucu estava enfiada em seu ninho [...]. Ao lado dela havia um enorme saco, bem cheio. [...]

— Bem, já está com o saco. Deves levá-lo para a tua aldeia, e só abri-lo quando chegares lá. Se soltares a noite cedo demais, a escuridão vai impedir-me de distribuir o veneno a cada serpente como pretendo, e as consequências recairiam sobre todo o mundo... [...]

Karu Bempô voltou para a aldeia, carregando a bolsa com todo o cuidado. [...]

A onça, impaciente, arranhou-se.

– Solta a noite agora mesmo, o que está esperando? – gritou ela, atirando-se sobre Karu Bempô.

Antes que o jovem entendesse o que estava acontecendo, a onça arrancou a bolsa das mãos de Karu Bempô [...] e abriu-a.

Uma densa escuridão caiu sobre a selva, surpreendendo a todos. Animais e pessoas procuravam caminhos para voltar a suas casas e colidiam uns com os outros. Mas o pior foi aquilo que ocorreu com as serpentes da chefe Surucucu: [...] cada uma delas passou nas presas tanto veneno quanto podia. [...]

Depois desse episódio, as serpentes nunca mais foram amigas — cada uma procurava viver sua vida, sem se preocupar com a dos outros.

Os munduruku e os outros animais, por sua vez, adoraram ter conseguido a noite de volta. Assim, podem descansar durante a noite para iniciar um novo dia mais dispostos e alegres."

Daniel Munduruku. *As serpentes que roubaram a noite e outros mitos*. São Paulo: Peirópolis, 2001. p. 28-30, 32-34.

Glossário

Colidir: bater um no outro; chocar-se.

Compreenda a leitura

1. Por que o povo munduruku queria que a noite chegasse?

2. O que aconteceu com as cobras e com o povo munduruku depois que a noite chegou?

3. A história explica a origem de alguns acontecimentos. Marque com X quais são eles.

a) ☐ A origem do povo munduruku.

b) ☐ A chegada da noite.

c) ☐ O veneno de certas cobras.

d) ☐ A coragem de Karu Bempô.

Reflita

4. Os povos indígenas contam histórias para explicar o que acontece na natureza e na sociedade.

a) Qual é a importância dessas histórias?

b) Os não índios também contam histórias para explicar acontecimentos na natureza e na sociedade? Você conhece alguma? Conte para os colegas.

Unidade 3

Oba! Eu também quero brincar

Amarelinha, óleo sobre tela de Bárbara Rochlitz, 2008.

Lendo a imagem

1 Quais brincadeiras aparecem na pintura?

2 Onde as crianças estão brincando? Você costuma brincar em lugares como esse?

O que você sabe?

3 De quais brincadeiras você gosta?

4 Você sabe de quais brinquedos e brincadeiras seus pais e seus avós gostavam quando eram crianças?

Tema 1

É bom brincar!

É muito divertido!

As crianças gostam de brincar. Quando brincamos, aprendemos a superar dificuldades, entendemos melhor o nosso corpo e fazemos amigos.

Brincar sozinho ou com os amigos

Você já percebeu que algumas brincadeiras você pode fazer sozinho e outras precisa de colegas para brincar?

Você pode se divertir brincando sozinho, mas ao brincar com os amigos você descobre o jeito de ser, de brincar e de conviver de cada colega.

Crianças empinam pipa no município de São Caetano do Sul, estado de São Paulo, em 2006.

ATIVIDADES

Compreender

1 Cole os adesivos da página 122 no quadro correto.

Posso brincar sozinho.	Brinco com meus amigos.

2 Do que você gosta mais? Pinte o quadrinho e explique sua resposta.

☐ Brincar sozinho. ☐ Brincar com meus amigos.

3 Observe as cenas e numere-as, colocando-as em ordem.

☐  ☐  ☐ 

- Agora, escreva o que acontece em cada cena.

1. ______________________________

2. ______________________________

3. ______________________________

Tema 2 Brinquedos e brincadeiras do passado

Em outros tempos

Existem brinquedos muito antigos que são conhecidos por quase todas as crianças do mundo, como o pião, a pipa e a boneca. Os seus bisavôs, os seus avós e os seus pais já brincaram com esses brinquedos.

Boneca de cerca de cem anos atrás.

Os brinquedos do passado

Há cem anos, os brinquedos eram bem mais simples do que os de hoje. Não havia brinquedos eletrônicos, como computadores e *video games*.

Era comum as crianças usarem brinquedos feitos por elas mesmas ou por um adulto. Carrinhos, bonecas, bolas, pipas poderiam ser feitos com pedaços de madeira, retalhos de tecido, pedrinhas, papel, barbante, entre outros materiais.

Locomotiva de brinquedo de cerca de 90 anos atrás.

As brincadeiras do passado

Geralmente as crianças brincavam nas ruas, nos quintais das casas, em campinhos e em terrenos vazios.

Antigamente, as crianças brincavam de pião, boneca, amarelinha, corda, bolinha de gude, pipa, pular carniça, esconde-esconde, entre outras.

Há brincadeiras antigas que já não são mais praticadas hoje. Mas algumas delas continuam divertindo muito as crianças atualmente.

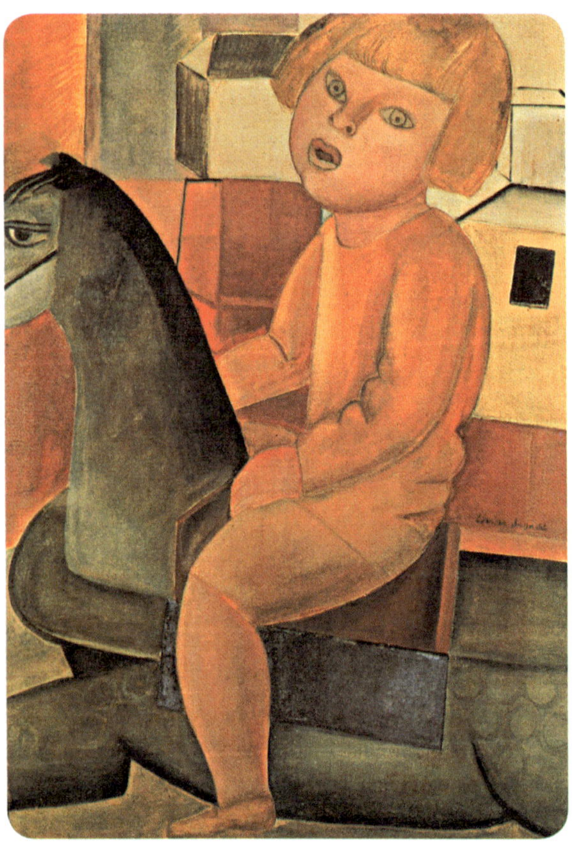

Menino com cavalo de pau, óleo sobre tela de Lasar Segall, 1929. O cavalinho de pau era um brinquedo usado por crianças no passado.

ATIVIDADES

Compreender

1 Observe a fotografia.

Crianças jogando *video game*.

a) De que as crianças estão brincando?

____

b) Esse brinquedo funciona com ou sem energia elétrica?

____

c) Esse brinquedo era utilizado pelas crianças no tempo dos seus avós? Explique.

____

____

Investigar

2 Entreviste um adulto para saber um pouco mais sobre as brincadeiras do passado. Use o roteiro a seguir.

- Qual é o seu nome? Quantos anos você tem?
- Do que você brincava?
- Que brinquedos você tinha?
- Onde você brincava?
- Você ainda possui algum brinquedo de sua infância?

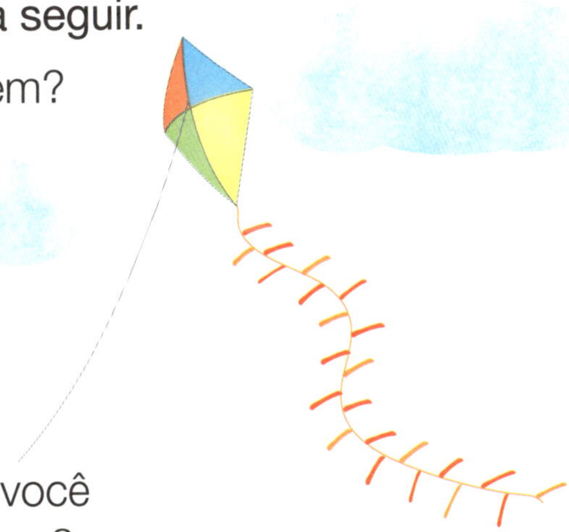

Quais brincadeiras citadas pelo entrevistado você não pratica? Quais as que você também brinca?

Tema 3 Outras formas de brincar

Brinquedos e brincadeiras indígenas

As crianças indígenas brasileiras constroem os próprios brinquedos. Construir o brinquedo faz parte da brincadeira.

O pião

É construído com uma vareta de bambu fincada em uma fruta. Como o pião de madeira, produz um barulho ao ser lançado.

Piões feitos com sementes da palmeira de tucumã. Eles foram produzidos por indígenas galibis que vivem no município de Oiapoque, no Amapá.

A peteca

É feita com palha de milho e penas de aves. É preciso muita habilidade e paciência para construir a peteca. As crianças passam um bom tempo montando e refazendo o brinquedo, até que ele fique bem-acabado.

Peteca feita por indígenas guaranis que vivem no município de São Paulo.

O jogo da onça

É preciso haver dois jogadores. As crianças indígenas riscam as linhas do tabuleiro no chão e começam o jogo: 14 cachorros devem cercar uma onça, que precisa comer todos os cachorros.

Tabuleiro do jogo da onça desenhado no chão. Foto tirada em uma comunidade ribeirinha na região do município de Tefé, no Amazonas.

ATIVIDADES

Recordar

1 Circule no caça-palavras os brinquedos e as brincadeiras indígenas que você acabou de conhecer.

A	D	T	V	J	U	P	M	V	X	L	I	Ç	T
P	B	R	*	A	J	E	P	V	U	P	B	T	R
Ã	O	K	R	B	P	E	Z	R	O	I	L	R	I
P	E	T	E	C	A	O	Ã	Ç	P	Ã	I	X	G
I	A	J	O	G	O	*	D	A	*	O	N	Ç	A
E	M	P	A	B	W	V	I	A	Q	L	H	T	M
F	E	V	T	H	W	A	Z	Ç	O	A	A	Y	N

2 Cauê fez um pião. Numere as ilustrações, colocando-as em ordem.

Vamos fazer

3 Vamos fazer uma peteca?

Você vai precisar de um pedaço de tecido quadrado com 25 centímetros cada lado, folhas de jornal e barbante ou fita adesiva.

- Amasse as folhas de jornal até formar uma bolinha.
- Envolva a bolinha com o pedaço de tecido e amarre com barbante ou fita adesiva.
- Arrume as pontas, abrindo-as.

O que você aprendeu

Recorde as ideias principais

- Existem brincadeiras que podemos fazer sozinhos e outras que brincamos com os amigos.
- Há brinquedos e brincadeiras muito antigas que existem até hoje.
- Há cem anos, não existiam brinquedos eletrônicos. As crianças usavam brinquedos feitos com materiais simples.
- As crianças indígenas brasileiras constroem os próprios brinquedos.

Aplique o que aprendeu

1 Faça um desenho de um brinquedo ou de uma brincadeira:

a) do passado que você brinca.

b) do passado que você não brinca.

c) que existe hoje e não existia no passado.

2 **No texto a seguir, a escritora Rachel de Queiroz dá sua opinião sobre brinquedos.**

"Antigamente, havia poucos brinquedos. Menina brincava de boneca, menino brincava com carrinho. [...] E daí surgiram tantos brinquedos incríveis, mas tanto, que já passou da conta.

Mas, aqui entre nós, com todos esses brinquedos espetaculares, será que, lá no fundo do coração, a garotada não sente falta das brincadeiras antigas? Brinquedo, para divertir, não precisa ser complicado. Criança gosta é de usar o 'faz de conta'. E dizendo 'FAZ DE CONTA', pedaço de pau vira espada mágica, vassoura vira cavalo, cadeira vira avião...

Sim, parece que não tem mesmo dúvida. O melhor brinquedo de todos é a nossa imaginação..."

Rachel de Queiroz. *Memórias de menina*. Rio de Janeiro: José Olympio, 2003. p. 23.

a) Como eram os brinquedos no tempo de Rachel de Queiroz?

____

____

b) Para você, ainda existem brinquedos de menina e brinquedos de menino hoje em dia? Explique.

c) Você concorda com Rachel de Queiroz quando ela afirma que o melhor brinquedo é a nossa imaginação? Troque ideias com os colegas sobre isso.

Para ler e escrever melhor

O texto que você vai ler agora apresenta as **regras de um jogo**.

Jogo do gavião

É uma brincadeira dos índios do povo canela, que vive no estado do Maranhão.

Participantes

- Uma criança, que será o gavião.
- Outras crianças, que formarão uma fila.

Como brincar

1. Uma criança representa o gavião e as outras formam uma fila, começando pelas mais altas até as mais baixas.
2. Cada criança da fila abraça forte o colega da frente, passando os dois braços por baixo dos braços do colega.
3. O gavião grita: “Tenho fome!”.
4. A primeira criança da fila mostra suas pernas e diz: “Quer isto?”.
5. O gavião passa por todas as crianças. Quando chega à última, ele diz: “Sim!”. E sai correndo atrás do grupo.
6. O grupo, sempre abraçado, tenta escapar do gavião.
7. Se o gavião agarrar uma criança, leva-a para o seu ninho.
8. O jogo termina quando o gavião agarrar todas as crianças, da última até a primeira da fila.

Analise

1 Do que você precisa para brincar de jogo do gavião?

a) ☐ Um lugar espaçoso.
b) ☐ Tabuleiro, pinos e dado.
c) ☐ Aparelhos eletrônicos.
d) ☐ Vários colegas.

Organize

2 Numere as ilustrações de acordo com a sequência correta do jogo do gavião.

a) ☐

b) ☐

c) ☐

d) ☐

Escreva

3 Com a ajuda do professor, você e os colegas vão escrever um texto coletivo, apresentando as regras de uma brincadeira. Vocês podem seguir este roteiro.

- Escolham uma brincadeira. Atenção: vocês devem conhecer as regras dessa brincadeira.
- Em voz alta, um aluno por vez diz as instruções da brincadeira: o número de participantes, o material necessário e as regras na ordem correta.
- O professor anota no quadro de giz as instruções dadas pelos alunos.
- Copiem o texto do quadro de giz no caderno.

Unidade 4

Nossa vida familiar

Imagem de divulgação do filme *Shrek Terceiro* (Estados Unidos, 2007), dirigido por Chris Miller.

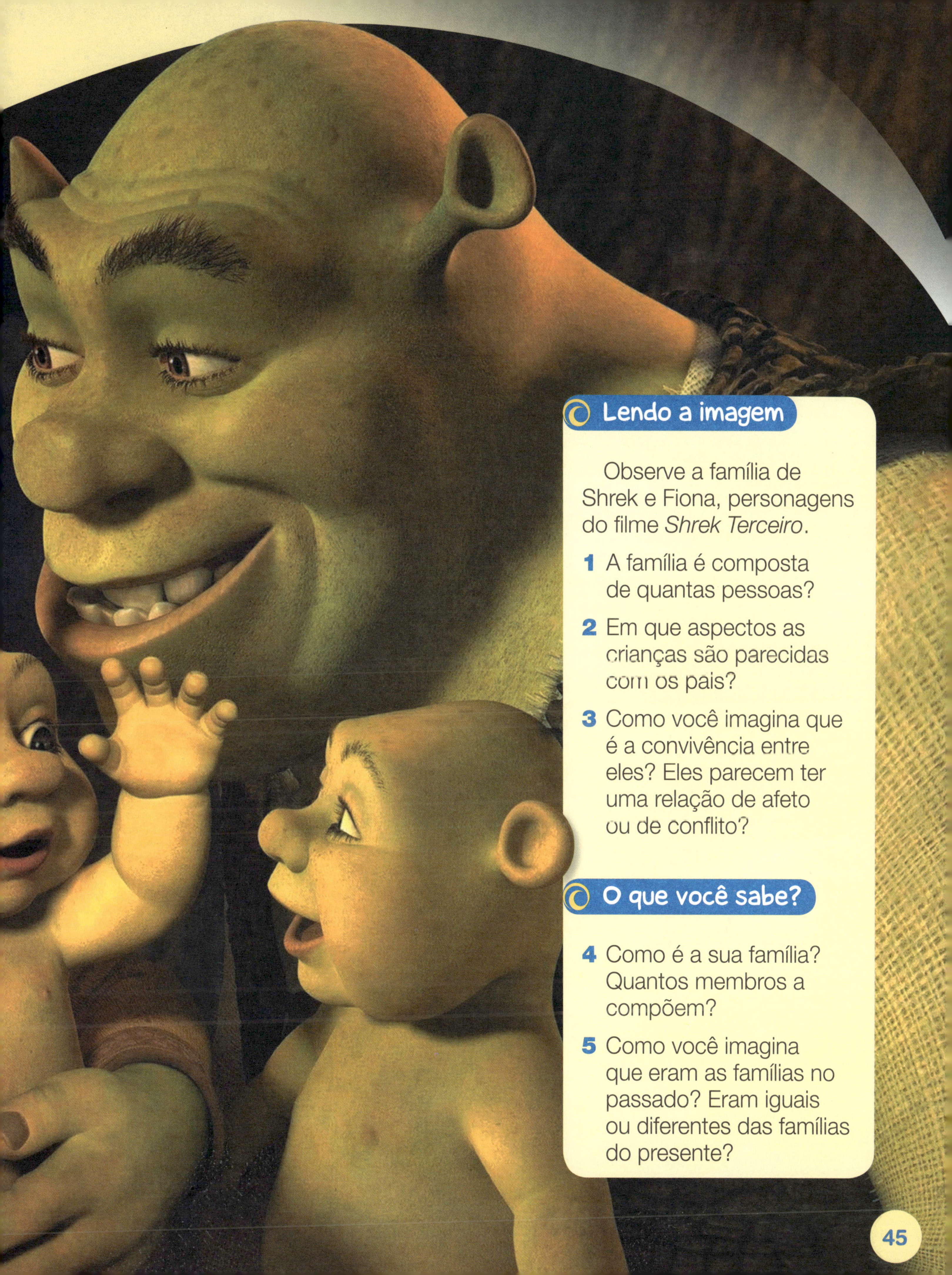

Lendo a imagem

Observe a família de Shrek e Fiona, personagens do filme *Shrek Terceiro*.

1 A família é composta de quantas pessoas?

2 Em que aspectos as crianças são parecidas com os pais?

3 Como você imagina que é a convivência entre eles? Eles parecem ter uma relação de afeto ou de conflito?

O que você sabe?

4 Como é a sua família? Quantos membros a compõem?

5 Como você imagina que eram as famílias no passado? Eram iguais ou diferentes das famílias do presente?

Tema 1 Retratos de família

Cada família tem seu jeito

Existem diferentes tipos de família. Família de pai, mãe e filhos. De mãe e filho. Família de filho e pai. De netos e avós. Cada família tem seu jeito, mas em uma coisa todas se parecem: a família é composta de pessoas que se cuidam, se protegem e trocam afeto.

A família de João Paulo

João Paulo tem 6 anos e vive com a mãe e o pai em Salvador, no estado da Bahia.

A família de Aline

Aline tem 5 anos. Ela mora com a mãe e a avó materna em Porto Alegre, no estado do Rio Grande do Sul.

A família de Henrique

Henrique tem 7 anos. Ele vive com o pai em Cuiabá, no estado do Mato Grosso. Seu avô paterno vem visitá-lo nos fins de semana.

ATIVIDADES

Recordar

1 Complete o quadro sobre João Paulo, Aline e Henrique.

	João Paulo	Aline	Henrique
Idade			
Onde vive			
Com quem mora			

Compreender

2 Observe a pintura e responda.

Retrato de família, acrílico sobre tela de Laura James, 1998.

a) Quantas pessoas formam essa família? ☐

b) Há crianças?

____

c) Em que parte da casa a família está?

____

d) Quem também faz parte da família?

____

3 Faça um desenho no caderno ou traga uma foto da sua família. Depois, descreva a sua família para os colegas.

Tema 2

Álbum de família

Toda família tem uma história

As famílias mudam com o passar do tempo. Quando uma família vai morar em outra cidade ou quando nasce um bebê, acontece uma mudança.

A família de Fátima

Fátima nasceu em 1950 no município de Olinda, no estado de Pernambuco. Em 1972, ela se casou com Alberto e se mudou para Recife, no mesmo estado.

O casal teve dois filhos: Vanessa e Carlos. Hoje, Fátima e Alberto têm três netos: Matheus, Lucas e Ana.

A árvore genealógica

Usamos a árvore genealógica para representar as relações entre as pessoas de uma família. Os familiares mais antigos ocupam a parte de cima da árvore e os mais novos aparecem na parte de baixo da árvore.

Veja a árvore genealógica da família de Fátima.

ATIVIDADES

Recordar

1 Observe novamente a árvore genealógica da família de Fátima e responda.

a) O que João e Vanessa são de Matheus?

☐ Avós. ☐ Tios. ☐ Pais. ☐ Irmãos.

b) O que Lucas é de Ana?

☐ Esposo. ☐ Irmão. ☐ Pai. ☐ Primo.

c) O que Carlos e Marta são de Matheus?

☐ Avós. ☐ Tios. ☐ Pais. ☐ Irmãos.

d) O que Matheus é de Fátima e Alberto?

☐ Filho. ☐ Tio. ☐ Primo. ☐ Neto.

2 Quem são as pessoas mais velhas dessa família? E as mais novas?

____

____

____

Compreender

3 Preencha a ficha.

Lugar onde meus avós nasceram: ____________________

Lugar onde meus pais nasceram: ____________________

Lugar onde nasci: ____________________

- A sua família passou por mudanças? Explique para os colegas.

Tema 3

Famílias de outros tempos

Famílias que viviam no campo

Há mais de 200 anos, no Brasil, grande parte das famílias vivia no campo. Era comum um casal ter muitos filhos. Nas famílias ricas, os escravos trabalhavam na fazenda. Alguns escravos ajudavam nas tarefas da casa e cuidavam das crianças. As mulheres ficavam em casa, cuidando da família e dos filhos.

Uma senhora de algumas posses em sua casa, aquarela sobre papel de Jean-Baptiste Debret, 1823.

A família de Alberto Santos Dumont

Henrique e Francisca casaram-se em 1856 na cidade de Ouro Preto, em Minas Gerais. Eles moravam em uma fazenda onde havia muitos pés de café. Nessa fazenda nasceu Alberto. Ele tinha sete irmãos: cinco mulheres e dois homens.

Desde pequeno, o menino Alberto sonhava voar como os pássaros e os balões. Ele cresceu e manteve o seu sonho. Então se tornou o inventor da "máquina de voar": o avião.

Voo do 14 Bis em 23 de outubro de 1906, no Campo de Bagatelle, em Paris, França.

ATIVIDADES

Compreender

1 Marque com X a coluna correta.

	Há 200 anos	Hoje
Muitas famílias viviam no campo.		
Muitas famílias vivem nas cidades.		
Os casais têm poucos filhos.		
Os casais tinham muitos filhos.		

2 Pinte as cenas e escreva no lugar correto: passado ou presente.

É uma família do ______________________.

É uma família do ______________________.

Investigar

3 Converse com o adulto mais velho de sua família sobre o tempo em que ele era criança. Pergunte:

- Quando você nasceu?
- Quantos irmãos você teve?
- Onde vocês moravam: no campo ou na cidade?
- O que seu pai fazia?
- O que sua mãe fazia?

O que você aprendeu

Recorde as ideias principais

- Existem diferentes tipos de família e cada uma tem seu jeito.
- As famílias mudam com o passar do tempo.
- A árvore genealógica representa as relações entre as pessoas da família.
- No passado, grande parte das famílias vivia no campo e tinha muitos filhos.

Aplique o que aprendeu

1 Complete a canção com as palavras do quadro.

filho	criança	ontem	vovô	papai	amanhã

"Quando vejo o meu ______________

Que é pai do meu ______________
Penso que um tempo atrás
Ele era o que eu sou

Agora eu sou ______________
E o vovô também já foi
A vida é uma balança

______________, hoje, depois

______________ talvez quem sabe
Eu serei um outro avô

E o filho do meu ______________
Será o que hoje eu sou."

Sandra Perez; Paulo Tatit. Vovô.
CD *Pé com pé*. Palavra Cantada, 2002.

- Quem fala nessa canção?

☐ Avô. ☐ Neto. ☐ Pai.

2 Observe a fotografia e leia a legenda.

Álbum de família negra, fotografia de cerca de 1920.

a) Quando essa fotografia foi tirada?

____

b) Quantos adultos e crianças aparecem nessa fotografia?

____

c) A maioria das crianças está na parte de:

☐ baixo da foto. ☐ cima da foto.

3 **Com a ajuda de um familiar, monte sua árvore genealógica.**

- Se você tiver irmãos, marque o nome deles nos quadros ao lado do seu.
- Se quiser, coloque o nome dos seus tios ao lado dos quadros do seu pai ou da sua mãe.
- Cole fotos ou faça um desenho embaixo dos nomes de cada um.

O mundo que queremos

Formação cidadã

Os índios pataxós vivem numa aldeia no município de Carmésia, em Minas Gerais. Há cerca de 300 pataxós. Eles trabalham na roça, caçam, pescam e festejam suas tradições.

O índio pataxó é solidário

"Todos os dias, depois do nosso trabalho diário, nós gostamos de visitar os nossos parentes.

Assim, ficamos sabendo o que está acontecendo entre as nossas famílias.

Quando nós matamos uma caça ou quando temos outras comidas dentro de casa, nós dividimos com nossos pais, irmãos e filhos.

Aqui ninguém come sozinho, todos dividem uns com os outros o que têm. Aqui não existe tristeza, é muita alegria, cantos, trabalhos e brincadeiras.

Mas quando a tristeza chega, nós fazemos jeito de mandá-la ir embora.

Afinal de contas, o índio pataxó é sempre alegre."

Angthichay Pataxó e outros.
O povo pataxó e suas histórias.
4. ed. São Paulo: Global, 2000. p. 43.

Compreenda a leitura

1 O que os pataxós gostam de fazer todos os dias, depois do trabalho?

- [ ] Eles gostam de visitar os parentes.
- [ ] Eles preferem ficar em casa.
- [ ] Eles brincam com as crianças.

2 O que os pataxós costumam fazer quando têm alimentos diferentes em casa?

- [ ] Comem sozinhos.
- [ ] Dividem com pais, irmãos e filhos.

3 Como são os pataxós?

- [ ] Tristes.
- [ ] Alegres.

Reflita

4 Converse com os colegas.

- Você tem muitos parentes? Você gosta de visitá-los?
- Você é solidário? Costuma dividir suas coisas?

Vamos fazer

5 O que vocês podem fazer para ser solidários no dia a dia com os seus familiares?

6 Faça um desenho que retrate uma situação de solidariedade.

- Mostre o seu desenho para os colegas e conte o que você desenhou.

Unidade 5

Nossa casa, nosso lar!

Lendo a imagem

1 Que construções você observa na imagem?

2 Que diferenças você observa entre as construções?

O que você sabe?

3 No lugar onde você mora, existem construções como essas? Quais?

4 A sua casa se parece com alguma dessas? Com qual?

5 De que materiais a sua casa é feita?

Tema 1 Como é a nossa casa

Casa para viver

A casa protege as pessoas do frio, da chuva e do calor. É onde convivemos com a família, recebemos os parentes, os amigos e os vizinhos.

Na nossa casa estamos envolvidos com as coisas de que gostamos. Nossa casa é o nosso lar!

As partes de uma casa

Você já observou a sua casa? Ela é dividida em cômodos. Uma casa pode ter quarto, sala, banheiro, cozinha, área de serviço. Há casas que têm jardim e quintal.

Comer, dormir, brincar, conversar, estudar e se divertir são algumas coisas que fazemos em casa.

Viver bem em casa

Para viver bem em casa com a família é preciso que todos os moradores colaborem com as tarefas.

ATIVIDADES

Compreender

1 Identifique o nome de cada cômodo.

sala quarto cozinha banheiro

2 Pinte a opção mais adequada em uma casa.

a) O lugar das refeições: banheiro cozinha.

b) O lugar de dormir: banheiro quarto.

c) O lugar de lazer: sala cozinha.

d) O lugar para a higiene: banheiro sala.

Reflita

3 Marque as tarefas de casa que você pode fazer para ajudar a sua família.

- [ ] Organizar o quarto.
- [ ] Guardar a roupa.
- [ ] Guardar os brinquedos.
- [ ] Organizar a mesa.

Casas de todos os tipos

Os tipos de moradia

No nosso país existem diferentes tipos de moradia. Conheça alguns.

Casas e sobrados

As casas, em geral, são construções térreas. Os sobrados são casas com dois andares.

Casa em Curitiba, estado do Paraná, em 2008.

Barracos

Os barracos são habitações precárias, feitas de madeira, papelão ou sucata. Os barracos formam as favelas.

Barracos em Recife, estado de Pernambuco, em 2009.

Prédios em Bauru, estado de São Paulo, em 2010.

Prédios

Os conjuntos de apartamentos formam os prédios, que são construções com vários andares.

Palafitas

São casas de madeira apoiadas sobre estacas fincadas no fundo de rios. Podem ser encontradas em regiões alagadas e nas margens de rios.

Palafitas em Cruzeiro do Sul, estado do Acre, em 2005.

ATIVIDADES

Compreender

1. Faça um desenho da parte externa da sua casa.
   - Explique como é a sua casa.

2. Numere as cenas, colocando-as em ordem.

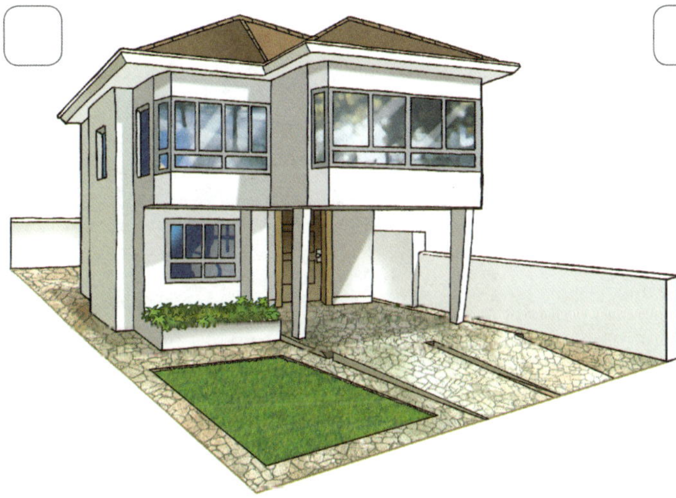

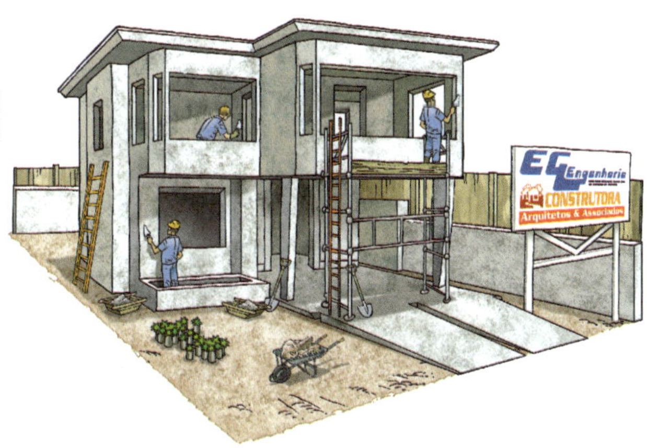

- Qual é o nome dessa construção?

☐ Prédio. ☐ Palafita. ☐ Sobrado.

Reflita

3. Imagine que você e sua família não tivessem onde morar. O que aconteceria?

Casas de outros tempos

Muito tempo atrás...

Há milhares de anos, os seres humanos ficavam em cavernas para se proteger do frio e dos animais. Tempos depois, construíram cabanas com pele e ossos de animais, galhos de árvores e folhas. Mais tarde, começaram a utilizar blocos de pedra para construir casas.

Casas de taipa de pilão

No Brasil, no passado, as casas eram construídas com barro socado e eram conhecidas como casas de pau a pique ou casas de taipa de pilão. São construções baratas e resistentes. Ainda hoje existem em certas regiões do nosso país.

Casa de pau a pique em Santa Isabel, no estado do Rio Grande do Norte, em 2007.

Sobrado colonial com azulejos, em São Luís, no estado do Maranhão, em 2007.

Sobrados coloniais

Outras construções muito comuns no passado eram os sobrados decorados com azulejos. Esse tipo de decoração foi trazido pelos portugueses, quando colonizaram o Brasil. Ainda hoje, podemos observar sobrados históricos em cidades como Salvador, São Luís e Recife.

ATIVIDADES

Compreender

1 Escreva para cada desenho.

passado presente

- Circule qual dessas casas pertence ao passado, mas ainda é construída no presente.

Investigar

2 Converse com um parente mais velho sobre a casa onde ele vivia quando era criança. Use o roteiro a seguir.

- Em que ano você nasceu?
- Em que cidade você morava?
- Como era a casa em que você morava? De que material era feita?
- De que parte da casa você mais gostava?
- A casa da sua infância é parecida com as casas de hoje? Em quê?

O que você aprendeu

Recorde as ideias principais

- A casa é o lugar onde convivemos com as pessoas e onde estão as coisas de que gostamos.
- A casa é dividida em cômodos nos quais fazemos tarefas diferentes.
- Colaborar com as tarefas de casa é importante para conviver bem com a família.
- No nosso país existem diferentes tipos de moradia: casas, apartamentos, barracos, palafitas.
- Casas de taipa de pilão e sobrados coloniais são moradias antigas.
- Existem tipos de moradias antigas no Brasil que ainda são construídas no presente.

Aplique o que aprendeu

1 Preencha os esquemas.

a)

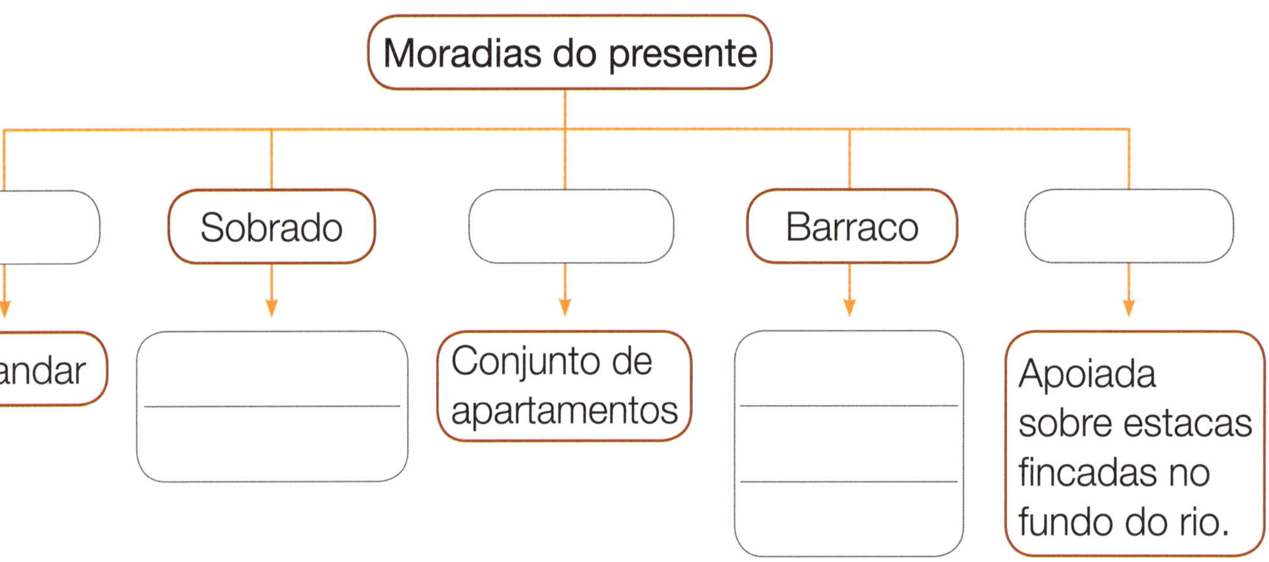

b)

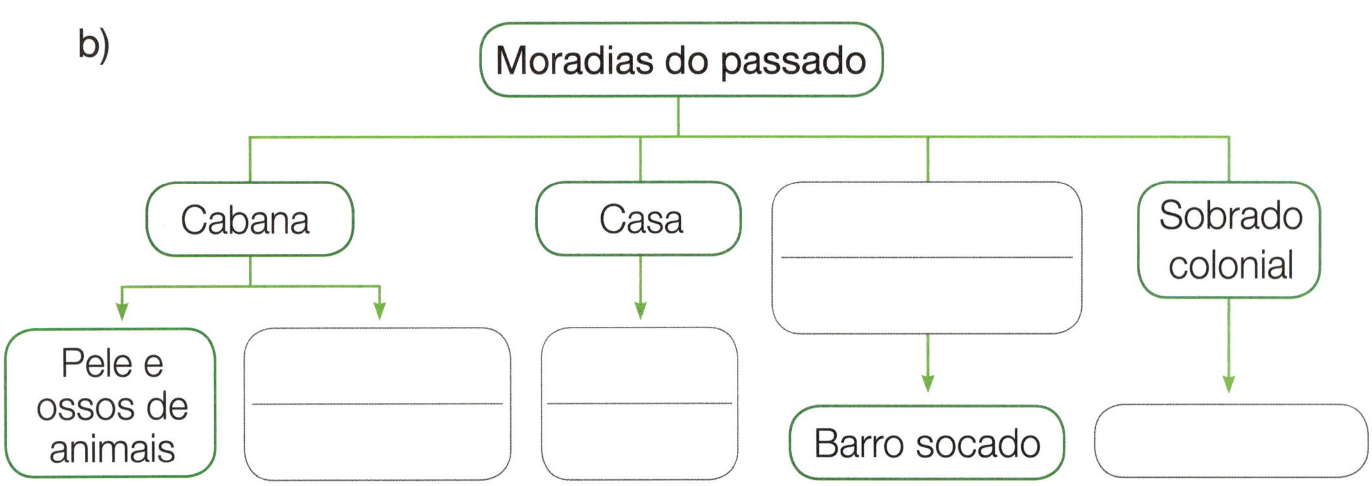

2 Complete os cômodos do sobrado com os adesivos que estão na página 123. Atenção: nem todos os adesivos devem ser usados. Os adesivos corretos são aqueles que respondem às perguntas a seguir.

1. Onde preparamos as refeições?
2. Qual é o local em que repousamos e dormimos?
3. Qual é o local feito para conversar, assistir à televisão, brincar?
4. Em que parte da casa lavamos roupa?
5. Onde realizamos nossa higiene?

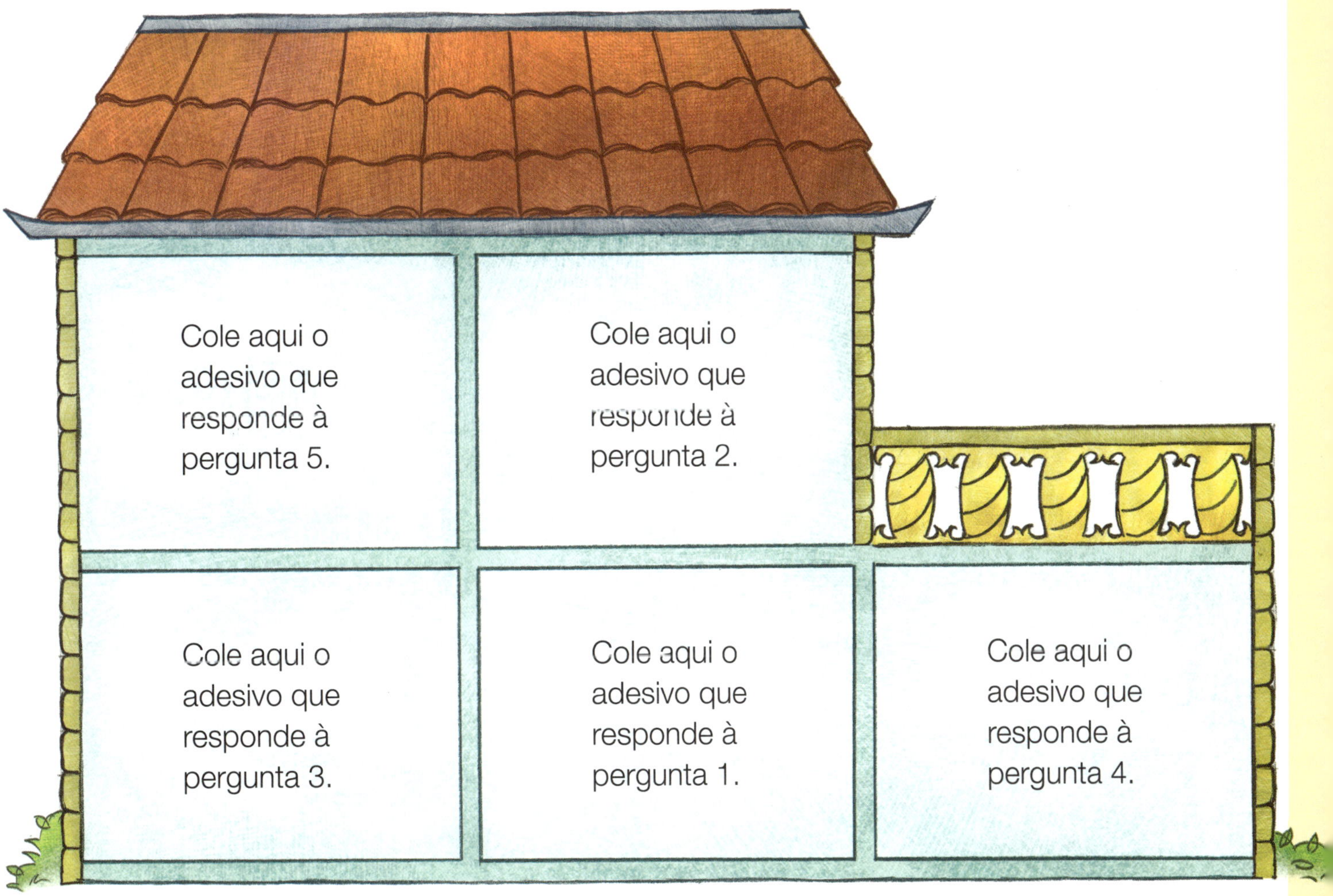

a) Que cômodo está em cima da sala? ______________________

b) Que cômodo está ao lado da área de serviço? ______________________

c) Quais cômodos estão na parte de baixo da casa?

____

Para ler e escrever melhor

Este texto apresenta a **sequência** de acontecimentos na história de uma casa.

Uma casa, muitas histórias

A Casa da Ponte está localizada na Cidade de Goiás, no estado de Goiás.

Sua história começou **cerca de 250 anos atrás**, quando ela foi construída. A função da casa era ser um local de recebimento de impostos que eram cobrados da população.

Anos depois, a casa foi adquirida pelos antepassados de Cora Coralina. Ali, a escritora viveu e buscou inspiração no dia a dia e nas ruas da cidade para escrever suas poesias.

Em 1989, a Casa da Ponte transformou-se em Museu Casa de Cora Coralina.

Em 2001, parte da casa foi afetada por uma cheia do Rio Vermelho, que atravessa a região. A estrutura atingida, porém, foi reconstruída e restaurada.

Atualmente, o público que visita o Museu Casa de Cora Coralina pode conhecer móveis, utensílios, pertences e fotografias da escritora.

Fachada do Museu Casa de Cora Coralina às margens do Rio Vermelho, na Cidade de Goiás, estado de Goiás, em 2009.

Analise

1 Que expressões foram utilizadas para marcar a sequência dos acontecimentos?

____

____

Organize

2 Ligue as expressões da coluna da esquerda com os acontecimentos da coluna da direita.

Cerca de 250 anos atrás	O Museu Casa de Cora Coralina foi criado.
Anos depois	Local para recolher impostos é construído.
Em 1989	Enchente afeta museu.
Em 2001	A Casa da Ponte passa a pertencer aos antepassados de Cora Coralina.
Atualmente	Visitantes podem conhecer objetos da história de vida de Cora Coralina.

Escreva

3 Escreva um texto para contar a história da casa onde você mora. Procure responder às questões a seguir.

- Há quanto tempo você mora nessa casa?
- Como ela era quando você se mudou para lá? Era igual ou diferente?
- A casa passou por alguma reforma? Quando? O que mudou?

Use no seu texto expressões que marcam a passagem do tempo. Por exemplo: naquele momento, anos mais tarde, atualmente.

Unidade 6

No tempo da escola

Sala de aula em Llansamlet, no País de Gales, sem data.

Lendo a imagem

1 Quem aparece na sala de aula?

2 Como os alunos estão distribuídos na classe?

3 Como é a roupa dos estudantes?

O que você sabe?

4 Compare a sala de aula da foto com a sua. Elas são parecidas ou diferentes?

5 O que os alunos estudavam antigamente?

Tema 1

Estudar é para todos

Um lugar para aprender

Na escola aprendemos a ler, a escrever, a contar e a resolver problemas. Aprendemos também a história, a arte e a cultura do nosso povo e de outros povos.

Escola para todas as crianças

A partir dos 6 anos de idade, todas as crianças têm o direito de frequentar a escola.

Para que esse direito seja cumprido, existem as escolas **públicas**, construídas e mantidas pelo governo. Qualquer pessoa pode estudar nelas sem pagar pelo ensino ou pelo material didático.

Existem também as escolas **particulares**, construídas e mantidas por uma ou mais pessoas. Para estudar em uma escola particular é preciso pagar uma mensalidade e comprar os materiais didáticos.

Como os indígenas aprendem

As crianças indígenas aprendem seguindo o exemplo de seus pais. As meninas observam e repetem as atividades das mulheres, como os afazeres domésticos. Os meninos acompanham os homens na caça, na pesca e no plantio de alimentos.

Alguns povos indígenas têm escola. Eles aprendem a ler e a escrever em português e em sua própria língua. Os professores são indígenas treinados. Eles ensinam a cultura do povo e os conhecimentos dos não índios.

Escola indígena em aldeia do povo kalapalo, no Parque Indígena do Xingu, Mato Grosso, em 2008.

ATIVIDADES

Compreender

1 Em que tipo de escola cada criança estuda?

a) ☐ Escola pública.
☐ Escola particular.

b) ☐ Escola pública.
☐ Escola particular.

2 Pense nas coisas que você aprendeu até hoje. Depois escreva três dessas coisas em cada coluna do quadro.

Aprendi fora da escola	Aprendi na escola

3 Como é a educação dos indígenas dentro e fora da escola? Ela é parecida com a sua ou é diferente dela?

Tema 2 A educação no passado

O ensino era para poucos

Cerca de cem anos atrás, no Brasil, o número de escolas era pequeno. A maioria das crianças pobres crescia sem saber ler nem escrever.

As crianças de famílias ricas tinham mais oportunidades. Elas podiam ter professores particulares ou estudar em boas escolas. As crianças que iam para a escola aprendiam leitura, escrita, cálculo, desenho, canto e caligrafia.

Hora da música, óleo sobre tela de Oscar Pereira da Silva, 1901.

A educação de meninos e meninas era diferente

Na escola, meninos e meninas estudavam separados, pois havia atividades só para meninos e outras só para meninas. Os meninos praticavam exercícios militares. As meninas aprendiam trabalhos manuais, como costura e bordado, porque eram preparadas para o casamento e para cuidar da casa.

As meninas que estudavam com professores particulares tinham aulas de piano, francês, latim, matemática e religião. Elas também aprendiam trabalhos manuais.

A relação entre professores e alunos

Os alunos eram tratados com rigorosa **disciplina**. O professor era muito respeitado, chegando a ser temido.

Os alunos que não se comportavam bem ou que não faziam as lições eram punidos. Havia muitos castigos: puxão de orelha, apanhar com palmatória e com vara de marmelo, ajoelhar no milho, ficar de pé na frente da classe com um livro aberto nas mãos e escrever uma frase muitas vezes no quadro de giz.

Glossário

Caligrafia: arte ou técnica de escrever à mão.

Palmatória: peça de madeira usada para bater na palma da mão.

ATIVIDADE

Compreender

1 A pintura ao lado representa uma sala de aula.

a) O que a professora está fazendo?

____

____

____

b) Marque a alternativa correta a respeito dos alunos.

☐ Apenas meninos.

☐ Apenas meninas.

☐ Meninos e meninas.

c) Esta sala de aula é antiga ou atual?

☐ Antiga.

☐ Atual.

d) Escreva três detalhes que você observou para responder à questão anterior.

1. ______________________________

____

2. ______________________________

____

3. ______________________________

____

O ditado, pintura feita em 1891 por Demétrio Cosola.

Tema 3

Estudar no passado e no presente

Caderno de caligrafia vertical, de Francisco Viana, edição de 1962.

Os materiais usados para escrever

Há cerca de cem anos, a maioria dos textos era escrita à mão. Por isso, ter uma letra bonita e legível era bastante valorizado. As crianças tinham aula de caligrafia e um caderno especial para treinar a letra.

Para escrever, as crianças usavam a pena ou a caneta-tinteiro. O mata-borrão servia para absorver o excesso de tinta no papel.

Os lápis que conhecemos hoje começaram a ser produzidos cerca de 250 anos atrás. As canetas atuais surgiram há cerca de 80 anos.

Mata-borrão.

Pena de metal e vidro com tinta.

O direito de estudar

Hoje, as crianças têm mais oportunidades de frequentar a escola do que há cem anos. De acordo com a lei, todas as crianças têm o direito de estudar. A lei também garante o acesso à escola de pessoas com deficiência.

Meninos e meninas estudam juntos e aprendem as mesmas coisas. Os castigos físicos são proibidos. As punições vão de uma advertência até a expulsão da escola, nos casos mais graves.

Escola com área adaptada para pessoas com deficiência, na cidade de São Paulo, em 2009.

ATIVIDADES

Compreender

1 Observe os materiais e responda.

Estojo com letras e números móveis.

Lousinha de ardósia.

Apontador de lápis.

Recipiente para cola.

a) Os materiais são do passado ou do presente?

____

b) Quais objetos se parecem com materiais usados no presente?

____

c) Como você acha que a lousinha de ardósia, as letras e os números móveis eram usados?

Pesquisar

2 **Entreviste a pessoa mais velha da sua família. Utilize o roteiro a seguir e anote as respostas no caderno.**

- Qual é o seu nome e a sua idade?
- O que você estudava na escola quando criança?
- Como era a relação entre o professor e os alunos?
- Que materiais você utilizava para escrever?

Após a entrevista, alguns alunos lerão em voz alta o resultado da pesquisa. O professor organizará as respostas no quadro de giz. Então, comparem se a escola e os materiais utilizados pelos entrevistados são parecidos com os do presente ou se são diferentes deles.

O que você aprendeu

Recorde as ideias principais

- A escola deve ser oferecida a todas as crianças a partir dos 6 anos de idade.
- Existem escolas públicas e particulares.
- As crianças indígenas aprendem observando os pais e também, em alguns povos, frequentando a escola.
- Cerca de cem anos atrás, meninos e meninas estudavam em classes separadas.
- Os alunos eram tratados de forma rígida e se exigia disciplina. Existiam castigos físicos.
- Atualmente a escola é mais acessível. Meninos e meninas estudam juntos, e os castigos físicos são proibidos.

Aplique o que aprendeu

1 Leia o quadro de horários e atividades para um dia escolar em uma turma de cerca de cem anos atrás.

Horário	Atividade
11:00-11:10	Canto e chamada
11:10-12:10	Leitura
12:10-12:15	Marcha e canto
12:15-12:30	Aritmética
12:30-12:50	Escrita
12:50-13:05	Geografia
13:05-13:10	Intervalo
13:10-13:25	Geometria
13:25-13:30	Preparo de classe
13:30-14:00	Recreio
14:00-14:05	Entrada
14:05-14:50	Leitura e escrita no quadro de giz
14:50-15:10	Caligrafia
15:10-15:50	Trabalho manual
15:50-16:00	Notas e preparo para a saída

Fonte: Disponível em: Centro de Referência em Educação Mario Covas <www.crmariocovas.sp.gov.br>. Acesso em: 24 mar. 2008.

a) Que atividades realizadas são parecidas com as que você faz na escola?

b) Que atividades são diferentes delas?

c) Esse quadro de horários e atividades era para uma sala de meninos ou de meninas? Como você descobriu?

2 Circule o que não faz parte da escola do passado.

Reflita

3 Leia o poema e responda às questões.

Na minha escola todo mundo é igual

"Lá na minha escola
Ninguém é diferente
Cada um tem o seu jeito
O que importa é ir pra frente [...]

Tem criança gorda, magra,
Alta, baixa, rica e pobre
Mas todos são importantes
Como prata, ouro e cobre [...]

Na minha escola se aprende
Que não existe perfeição
E que todos nós precisamos
É de carinho e atenção"

Rossana Ramos. *Na minha escola todo mundo é igual*. São Paulo: Cortez, 2004. p. 4, 12, 17.

a) De acordo com o poema, o que se aprende na escola?

b) Quais são as atitudes para uma boa convivência entre colegas, professores e funcionários da escola?

Unidade 7

Temos direitos!

Lendo a imagem

Observe as cenas que saem do planeta.

1 Em quais situações as crianças são protegidas?

2 Quais situações prejudicam as crianças?

O que você sabe?

3 Você sabia que existem leis para garantir uma infância feliz e protegida?

4 Por que as crianças precisam de leis para protegê-las?

5 O que são direitos?

Tema 1

Conhecer os direitos das crianças

Um documento muito importante

A **Declaração dos Direitos da Criança** foi escrita há mais de cinquenta anos.

Esse documento declara os direitos das crianças do mundo inteiro:

1. Ter direitos, não importa a cor da pele, o sexo, a língua ou a religião.
2. Crescer com proteção e ser tratadas com carinho e dedicação.
3. Ter um nome e pertencer a um país.
4. Ter saúde, com cuidados médicos e alimentação.
5. Receber tratamento adequado se forem crianças com deficiência.
6. Ter a proteção de uma família.
7. Receber educação.
8. Ser socorridas e protegidas em situação de perigo.
9. Receber proteção contra o abandono, a exploração e a crueldade.
10. Ser educadas com princípios de tolerância, paz e fraternidade.

Direitos desrespeitados

No mundo inteiro existem crianças que não frequentam a escola. Essa é a situação de muitas crianças que vivem nas ruas ou que precisam trabalhar para ajudar a família.

A maioria das crianças que vivem nas ruas não tem casa para morar. Algumas são órfãs ou fogem de casa por sofrerem maus-tratos.

ATIVIDADES

Compreender

1 Marque com X se a situação estiver de acordo com a Declaração dos Direitos da Criança ou se a desrespeitar. Depois, escreva a que direito se refere.

a) ☐ Respeita a Declaração.

☐ Desrespeita a Declaração.

Direito: ______________________________

____

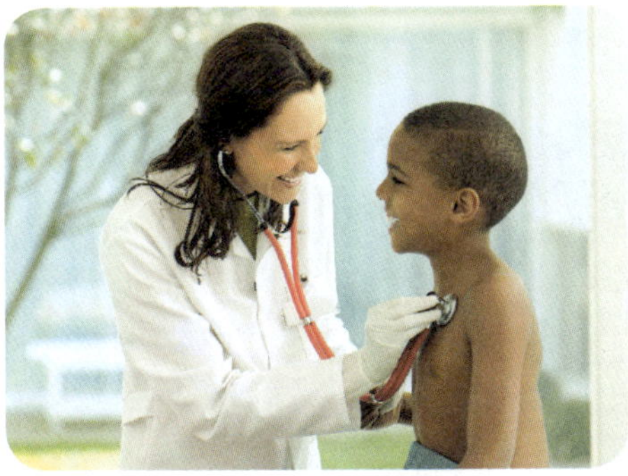

b) ☐ Respeita a Declaração.

☐ Desrespeita a Declaração.

Direito: ______________________________

____

c) ☐ Respeita a Declaração.

☐ Desrespeita a Declaração.

Direito: ______________________________

____

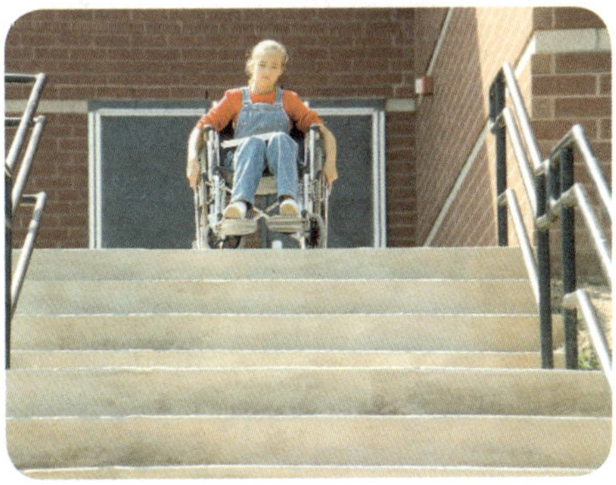

Vamos fazer

2 Escolha um direito da Declaração e faça um desenho.

- Troque seu desenho com um colega.
- Que direito o seu colega desenhou?

Tema 2

Lutar pelos direitos das crianças

O que diz a lei

Leia o que diz a lei sobre o trabalho de crianças e adolescentes:

"É proibido qualquer trabalho a menores de 16 anos de idade, exceto se for como aprendiz, a partir dos 14 anos."

Estatuto da Criança e do Adolescente.

Menino vende alho em rua no município de São Paulo, em 2008.

Crianças trabalhadoras no Brasil

Apesar da lei, nem sempre os direitos são respeitados. Existem muitas crianças que trabalham no Brasil: nas ruas, nas carvoarias, na colheita da cana-de-açúcar, nas fábricas de sapatos...

Várias crianças trabalham para sobreviver ou para ajudar suas famílias.

Menina garimpa pedras de ametista desprezadas por garimpeiros no município de Ametista do Sul, estado do Rio Grande do Sul, em 2008.

As crianças são prejudicadas

Geralmente, as crianças trabalham em péssimas condições, o que prejudica a saúde e o desenvolvimento do corpo. Quando a criança trabalha, ela não tem tempo para estudar nem brincar.

ATIVIDADES

Compreender

1 Leia o texto, observe a foto e responda.

José não pode ir à escola

Todos os dias, José trabalha oito horas na pintura de vasos. Ele almoça ao meio-dia e depois volta ao trabalho.

Menino pinta vasos em Mérida, no México, em 2006.

a) A fotografia mostra José fazendo qual atividade?

____

____

b) Por que José não vai à escola?

____

____

c) O que é necessário para que José possa ir à escola?

____

____

____

d) Complete as fichas.

Horário de José	
De manhã	
Ao meio-dia	
À tarde	

Meu horário	
De manhã	
Ao meio-dia	
À tarde	

e) Que diferenças você observa entre o seu horário e o de José?

Tema 3

No tempo em que as crianças não tinham direitos

O trabalho infantil no passado

Há mais de cem anos, era comum as famílias terem muitos filhos. Nas famílias mais pobres, as crianças começavam a trabalhar desde pequenas para ajudar os pais no sustento da casa.

Naquela época, a Declaração dos Direitos da Criança não existia. As crianças não contavam com uma lei para protegê-las.

Meninos jornaleiros no Rio de Janeiro, em 1899. Fotografia de Marc Ferez.

O que as crianças faziam?

As crianças realizavam tarefas variadas. Engraxar, gravar em metal, soprar vidro derretido para fazer objetos, vender jornais, trabalhar em oficinas de costura ou em fábricas e como empregadas domésticas.

A dura rotina de trabalho nas fábricas

Nas cidades, era comum meninos e meninas trabalharem nas fábricas com os adultos. A idade para começar a trabalhar era entre 7 e 9 anos.

O dia de trabalho começava por volta de 7 horas da manhã e acabava às 6 horas da tarde.

As crianças recebiam um salário menor que o dos adultos. Por isso, o trabalho infantil era bastante lucrativo para quem empregava crianças.

Crianças trabalhando em fábrica de tecidos, em 1909.

ATIVIDADES

Recordar

1. Que tipos de trabalho as crianças que viveram há mais de cem anos realizavam?

___

___

___

Compreender

2. Circule as palavras que caracterizam o trabalho infantil nas fábricas de antigamente.

divertido   perigoso   agradável   alegre   cansativo   prejudicial

3. Os relógios marcam o horário de dois momentos no dia de uma criança que viveu cerca de cem anos atrás.

a) A que horas essa criança entrava na fábrica?

___

___

b) A que horas ela saía?

___

___

c) Quantas horas do dia essa criança passava dentro da fábrica?

___

___

Entrada na fábrica.

Saída da fábrica.

O que você aprendeu

Recorde as ideias principais

- Todas as crianças têm direitos.
- É proibido o trabalho de crianças e adolescentes, mas há crianças que trabalham.
- No passado era comum crianças trabalharem em fábricas, oficinas de costura, residências, vendendo jornais e engraxando sapatos.

Aplique o que aprendeu

1 Preencha a cruzadinha com as palavras que completam as frases.

A. A ______________________ dos Direitos da Criança apresenta os direitos garantidos a todas as crianças.

B. O trabalho ______________________ é proibido por lei, mas muitas crianças continuam trabalhando atualmente.

C. No passado, crianças trabalhavam até 12 horas nas ____________________.

D. Toda criança tem o direito de brincar e ____________________.

E. Muitas crianças vivem nas ruas sem suas ____________________.

F. O ______________________ da Criança e do Adolescente proíbe que as crianças trabalhem.

G. Crianças que trabalham nas ____________________ queimam lenha para fazer carvão e sofrem com o calor, a fumaça e o pó.

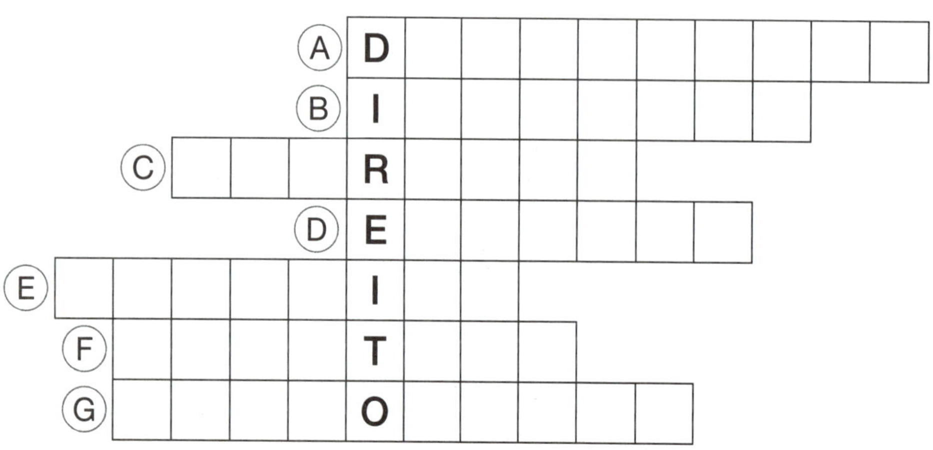

2 Leia o poema e responda.

"Toda criança do mundo
Deve ser bem protegida
Contra os rigores do tempo
Contra os rigores da vida.

Criança tem que ter nome
Criança tem que ter lar
Ter saúde e não ter fome
Ter segurança e estudar.

Não é questão de querer
Nem questão de concordar
Os direitos das crianças
Todos têm de respeitar."

Ruth Rocha. *Os direitos das crianças segundo Ruth Rocha.* São Paulo: Companhia das Letrinhas, 2002. p. 6.

- O poema segue as mesmas ideias da Declaração dos Direitos das Crianças ou vai contra a Declaração? Por quê?

3 Observe o cartaz e responda às questões.

Cartaz contra o trabalho infantil, de 2007.

a) O cartaz denuncia qual situação?

____

____

b) Que tipo de trabalho realiza a criança mostrada no cartaz?

____

____

c) De que forma o trabalho infantil faz a infância "desaparecer"?

____

____

____

Meio ambiente

Carta ao presidente da República

"Há anos acompanhamos, preocupados, o avanço do desmatamento da Floresta Amazônica.

Os principais motivos que levam à destruição da floresta são a retirada da madeira, o cultivo da soja e a criação de gado.

Por isso, pedimos a fiscalização das áreas protegidas para garantir a conservação da floresta.

As comunidades da região também precisam de apoio para conviver em harmonia com o meio ambiente.

Senhor presidente, a Amazônia tem pressa!

Atenciosamente,

União das crianças em defesa dos direitos da Floresta Amazônica."

Vista aérea de parte da Floresta Amazônica desmatada (área em verde-claro), no município de Bacabal, no Maranhão, em 2009.

Compreenda a leitura

1. Para quem essa carta foi escrita?

____

2. Por quem essa carta foi escrita?

____

____

3. Que motivos levam à destruição da floresta?

____

Linha do tempo

4 Como é retirada a madeira da floresta?

- Observe as ilustrações.

☐ 

☐ 

☐ 

☐ 

- Agora, numere as ilustrações.

1 Os madeireiros cortam as árvores.

2 Os tratores levam as toras até a estrada.

3 Os tratores colocam as toras nos caminhões.

4 Os caminhões chegam à fábrica de objetos de madeira.

Vamos fazer

5 **Em grupo, façam desenhos sobre o problema da destruição da Floresta Amazônica.**

- Escolham um desenho que represente as ideias da turma toda.
- Criem um cartaz para chamar a atenção das outras crianças da escola para o problema.

Unidade 8

O lugar onde vivemos

Lendo a imagem

Observe o que as pessoas estão fazendo.

1 Que situações mostram que as pessoas cuidam da rua?

2 Em que situações você percebe que as pessoas não se interessam em cuidar da rua?

3 Essa rua é adequada para pessoas com deficiência? Dê exemplos.

O que você sabe?

4 Na rua onde está localizada sua escola, acontecem algumas das cenas que aparecem na imagem? Quais?

5 O que você pode fazer para manter a rua conservada?

Tema 1

A rua e o bairro

Em que rua estou?

As residências, as escolas, os lugares onde as pessoas se divertem e trabalham se localizam em uma **rua**. A rua tem nome, pois assim é mais fácil localizá-la e diferenciá-la de outras.

A rua também é um espaço por onde as pessoas se locomovem, indo de um lugar a outro.

O nome dos bairros

Um conjunto de ruas forma um **bairro**. O bairro também tem um nome. É comum o nome do bairro estar ligado a uma característica própria do lugar, à proximidade de alguma construção importante, a uma lenda ou a um acontecimento do passado.

Um exemplo é o bairro Itapoã (ou Itapuã), em Salvador, Bahia. *Itapoã*, em tupi-guarani, significa "pedra que ronca". Segundo a lenda, uma pedra roncava na praia sempre que a maré estava baixa.

Farol e praia no bairro Itapoã, no município de Salvador, Bahia, em 2009.

A rua pertence a todos

A rua é **pública**. Isso significa que a rua é um espaço que pertence a todos. As pessoas são responsáveis por cuidar da rua, limpá-la e mantê-la conservada. Por isso, ao jogar lixo na rua, a pessoa está sujando um espaço que todos usam, inclusive ela mesma.

ATIVIDADES

Recordar

1 Complete.

Nome da rua em que moro: ________________________________

Nome do bairro em que moro: ________________________________

Compreender

2 Leia a notícia sobre o lixo em uma rua no município de Natal, estado do Rio Grande do Norte.

"Um terreno baldio na Rua Mananguá está servindo como depósito de lixo para a população. No local, entulho, lixo doméstico, poda de árvores, entre outras coisas. Segundo moradores, a própria população é responsável pelo problema. [...]"

Lixo 2, 23 fev. 2010. Disponível em: Tribuna do Norte <www.tribunadonorte.com.br>. Acesso em: 26 fev. 2010.

a) Onde o lixo está localizado? ________________________________

b) Quem deposita o lixo? ________________________________

c) Que tipo de lixo é depositado? ________________________________

____

d) Que problemas o acúmulo de lixo pode trazer à população?

____

____

e) Nas ruas do bairro onde você mora ou onde a escola está localizada existe o problema de acúmulo de lixo?

Tema 2

A história de um bairro

Trecho da Rua dos Andradas, no município de Porto Alegre, no Rio Grande do Sul, cerca de 1928.

Conversar com os antigos moradores

A história de um lugar pode ser conhecida por meio da **memória** dos antigos moradores. Para conhecer essa história podemos conversar com eles ou ler seus depoimentos.

Observar fotografias

As fotografias antigas de um lugar são **documentos históricos** importantes para descobrirmos o que aconteceu no passado com as pessoas e os lugares. Nas fotografias podemos observar como eram as construções, as ruas, os meios de transporte e as pessoas.

Visitar construções antigas

Quando visitamos construções antigas, descobrimos detalhes que não encontramos nas fotos: podemos observar e tocar os objetos do lugar, por exemplo.

Conservar o patrimônio

Em alguns bairros, pode existir uma construção que é considerada um **patrimônio**. Isso significa que a construção é importante para a população e para a história do local. Ao obter o título de patrimônio, a construção recebe proteção e tratamento especiais que a conservam.

Convento e Igreja de Nossa Senhora dos Anjos, em Penedo, Alagoas, em 2005. Essas construções passaram a ser consideradas patrimônio em 1941.

ATIVIDADES

Recordar

1 Escreva três formas de descobrir a história de um lugar.

1. ______________________

2. ______________________

3. ______________________

Compreender

2 Leia um trecho do depoimento de João Nascimento de Oliveira, que nasceu em 1923, no bairro Recife, na capital de Pernambuco.

> "Isso aqui hoje está tudo modificado. [...]
>
> Essa praça teve três nomes: a Praça dos Lisos, onde os trabalhadores vinham sem ter condições de nada e ficavam o dia todinho com fome, sem ter coisa alguma; depois passou para Praça Artur Oscar e atualmente é Praça do Arsenal da Marinha.
>
> Onde existe a Capitania dos Portos, era a Escola de Aprendiz de Marinheiros."

João Nascimento de Oliveira. Entrevista concedida em 1988. Disponível em: Bairro do Recife <www.longoalcance.com.br/brecife>. Acesso em: 26 fev. 2010.

a) Complete o esquema sobre as mudanças ocorridas no bairro Recife, segundo o senhor João.

[______________] → [Praça Artur Oscar] → [______________]

[______________] → [Capitania dos Portos]

b) De que maneira a história do bairro Recife está sendo conhecida?

- [ ] Leitura de um documento do governo.
- [ ] Depoimento de uma pessoa que visitou o bairro.
- [ ] Memória de um antigo morador do bairro.

Tema 3

Outras maneiras de morar

As moradias indígenas

No Brasil, há mais de 220 povos indígenas. Cada um tem seus costumes, tradições, língua e jeito de morar. Observe as **aldeias** de alguns povos indígenas brasileiros.

Aldeias circulares

São encontradas entre os povos da região central do Brasil, como o povo kalapalo, no Mato Grosso.

Vista aérea da aldeia Aiwa, do povo kalapalo, no Parque Indígena do Xingu, Mato Grosso, em 2009.

Uma grande casa na aldeia

Nas aldeias do povo ianomâmi, em Roraima, as famílias moram em uma grande casa circular, chamada **shabono**.

Shabono do povo ianomâmi, no estado de Roraima, em 2000.

Aldeias com formato de ferradura

A disposição das casas lembra a forma de uma ferradura. Assim são as aldeias do povo xavante, que vive no Mato Grosso.

Vista aérea da aldeia Pimentel Barbosa, do povo xavante, no estado do Mato Grosso, em 2004.

ATIVIDADES

Recordar

1 Pinte o nome de alguns povos indígenas brasileiros.

Kalapalo | Xavante | Ianomâmi

- (verde) Moram em uma grande casa circular.
- (azul) Moram em aldeias com formato de ferradura.
- (amarelo) Moram em aldeias circulares.

Compreender

2 O que é a aldeia? Marque com X a resposta correta.

- [ ] É o lugar onde os índios praticam a agricultura.
- [ ] É o conjunto organizado de casas dos índios.
- [ ] É o lugar onde os índios praticam a caça.

3 No centro de muitas aldeias indígenas há um pátio onde as crianças podem brincar à vontade.

- Desenhe o lugar onde você costuma brincar com seus amigos.
- Escreva, embaixo do desenho, o nome desse lugar.

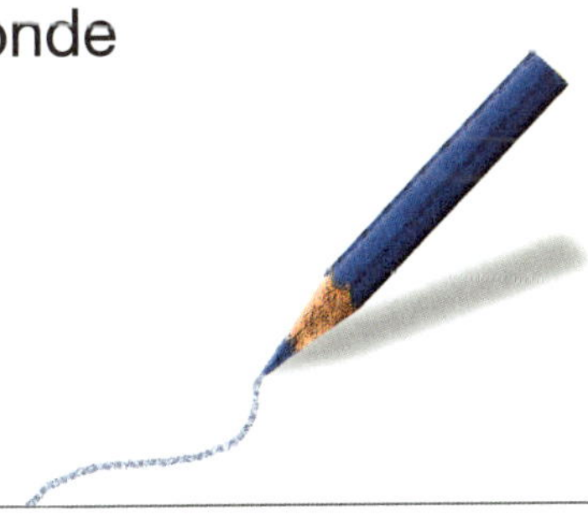

O que você aprendeu

Recorde as ideias principais

- Um conjunto de ruas forma um bairro.
- As ruas e os bairros têm um nome.
- A rua é pública, por isso devemos mantê-la limpa e conservada.
- Conversar com antigos moradores, observar fotografias e visitar construções antigas nos ajuda a conhecer a história de um bairro.
- Construções consideradas patrimônio são importantes para a população e recebem proteção e tratamento especiais.
- Os povos indígenas têm diversas maneiras de organizar suas casas.

1 Encontre no caça-palavras os termos que completam as frases.

a) ____________________ é uma casa indígena grande de formato circular.

b) Um conjunto de várias ruas é chamado de ____________________.

c) ____________________ é um conjunto de habitações indígenas.

d) Por meio da ____________________ de antigos moradores, podemos conhecer a história de um bairro.

e) Construções consideradas ____________________ recebem tratamento especial, pois são importantes para a população.

f) Por ser um espaço que pertence a todos, a rua é ____________________.

A	T	I	X	E	S	H	A	B	O	N	O
P	Ú	B	L	I	C	A	P	A	K	R	Ç
N	J	A	D	G	Z	W	P	I	L	G	U
Ô	B	D	N	M	E	M	Ó	R	I	A	F
A	L	D	E	I	A	L	Q	R	N	E	A
T	A	S	G	Ú	T	G	A	O	R	I	P
P	A	T	R	I	M	Ô	N	I	O	D	T

2 **Observe as imagens e responda às perguntas.**

Rua no município de Parnaíba, no Piauí, em 2006.

Vista aérea de aldeia do povo kuikuro, no Parque Indígena do Xingu, Mato Grosso, em 2007.

a) Como as construções estão organizadas na imagem A?

____

____

b) Como as construções estão organizadas na imagem B?

____

c) Na sua opinião, seria possível as ruas de uma cidade brasileira se organizarem como na imagem B?

3 **Em seu caderno, faça um desenho do bairro em que você mora. Se houver, inclua uma construção considerada patrimônio.**

Para ler e escrever melhor

Este texto apresenta a **sequência** de acontecimentos nas relações entre os povos que habitam o Parque Indígena do Xingu, localizado no estado do Mato Grosso.

Vizinhos e amigos!

Os povos indígenas que vivem na região do Rio Xingu, no Mato Grosso, têm uma longa história de convívio.

Antigamente, ocorriam muitos conflitos entre os povos da região.

Com o passar do tempo, as relações tornaram-se pacíficas e os povos começaram a trocar objetos uns com os outros.

Atualmente, os povos do Xingu se reúnem em festas e comemorações. A principal delas é o *Kuarup*, em que homens de diferentes povos fazem homenagem a um chefe falecido.

Parque Indígena do Xingu (2010)

Fonte: Disponível em: Fundação Nacional do Índio <www.funai.gov.br>. Acesso em: 9 mar. 2010.

Kuarup na aldeia Aiwa, do povo kalapalo, no Parque Indígena do Xingu, no Mato Grosso, em 2009.

Analise

1 Qual é o assunto principal do texto?

2 O texto destaca quantos momentos? Quais são eles?

Organize

3 Explique as relações entre os povos indígenas do Xingu.

Antigamente	
Com o passar do tempo	
Atualmente	

Escreva

4 Escolha um colega da sua classe. Preencha o quadro sobre suas relações com ele.

Quando nos conhecemos	
Depois de algum tempo	
Atualmente	

- Agora, escreva um texto contando a história das suas relações com esse colega.
- Leia o seu texto para o colega que você escolheu. Qual é a opinião dele sobre o texto?

Unidade 9

Nossas festas e tradições

Lendo a imagem

1 Qual festa está ocorrendo?

2 Que objetos caracterizam essa festa?

O que você sabe?

3 Qual é a origem dessa festa?

4 Em que época do ano essa festa ocorre?

5 Você já participou dela?

Festa junina, composição com escultura em massa de modelar e maquete, de Paulo Manzi, 2010.

Tema 1 As festas da minha comunidade

Comemorar e festejar

Toda comunidade tem sua forma de lembrar e comemorar acontecimentos importantes.

Uma **festa tradicional** é o aniversário do município. Há também festas para homenagear uma pessoa importante da cidade, comemorar a colheita ou a criação de animais.

Festa na Esplanada dos Ministérios para comemorar o aniversário de 50 anos de Brasília, em 21 de abril de 2010.

Festas religiosas

Todos os anos acontecem as **festas religiosas**. Veja alguns exemplos.

- Páscoa: em março ou abril.
- Festas juninas: em junho.
- Natal: em dezembro.

Você conhece outras festas religiosas?

Festas populares

No Brasil há várias **festas populares**, mas a principal é o Carnaval, que acontece no mês de fevereiro ou março.

No Carnaval as pessoas podem usar fantasias, brincar, dançar, cantar, desfilar nas escolas de samba ou em blocos.

Desfile de bonecos gigantes no Carnaval de Olinda, Pernambuco, em fevereiro de 2010.

ATIVIDADES

Recordar

1. Em seu caderno, faça um desenho de uma:

a) festa religiosa.   b) festa popular.

Compreender

2. Com a ajuda de um adulto, consulte o calendário e escreva o dia e o mês em que cada festa ocorreu ou vai ocorrer.

a) Aniversário do município em

que você vive: ____________________

b) Páscoa: ____________________

c) Carnaval: ____________________

d) Natal: ____________________

Linha do tempo

3. Com um colega, utilize as respostas da questão anterior para preencher a linha do tempo com as datas que faltam. Lembrem-se de que os acontecimentos mais antigos ficam à esquerda da linha.

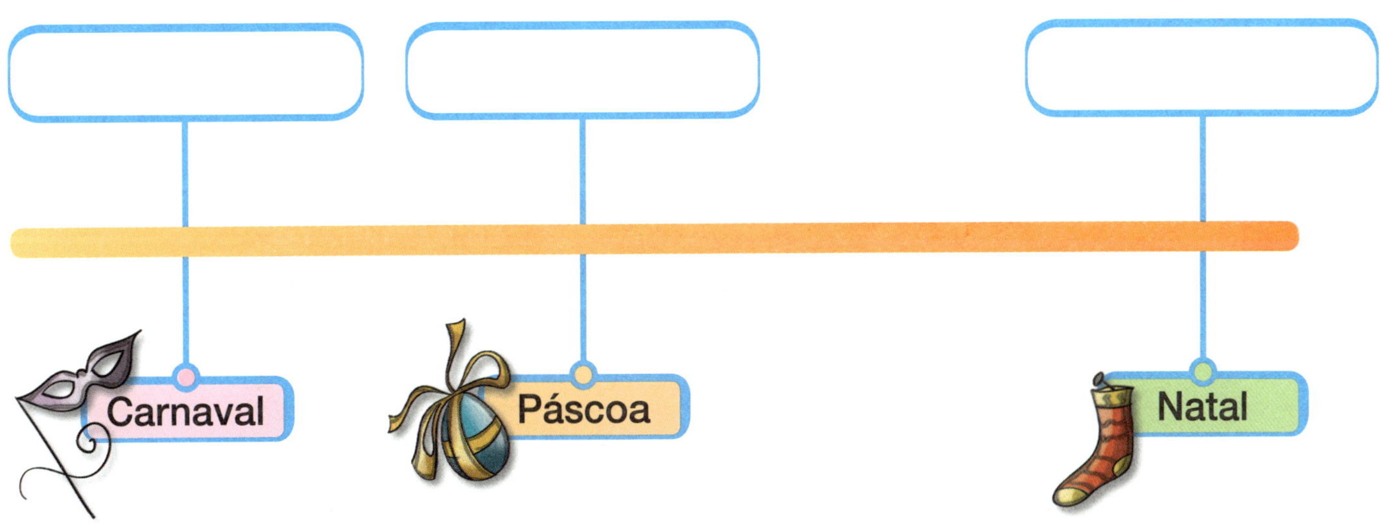

Nossas tradições

Um país de muitas culturas

As nossas formas de festejar, de nos alimentar e de produzir objetos vieram das **tradições** de vários povos.

Renda filé feita por artesãs de Alagoas.

O artesanato

As bonecas de pano e de madeira têm origem na África. Já a tradição de produzir rendas veio da Europa. Ela é muito comum no Nordeste do Brasil.

Os artesãos que produzem esses objetos aprenderam com seus pais, que aprenderam com seus avós, que aprenderam com seus bisavós... Por isso, esses objetos pertencem à tradição cultural do Brasil.

Uma festa muito antiga

A Festa do Divino foi trazida de Portugal ao Brasil há mais de 450 anos. Essa festa homenageia o Espírito Santo. Atualmente, ela é realizada na maior parte dos estados brasileiros. Em cada local, há uma maneira de comemorar, mas alguns elementos são comuns. Por exemplo:

- A bandeira vermelha com um pombo representando o Espírito Santo.
- O imperador e a imperatriz do Divino.
- Missas, procissões, danças e músicas.

A Festa do Divino é realizada cinquenta dias após a Páscoa e conta com grande participação popular.

Festa do Divino no município de Pirenópolis, em 2007.

ATIVIDADES

Recordar

1 Objetos artesanais são aqueles produzidos por:

☐ indústrias.

☐ artesãos que aprendem as técnicas com pessoas mais velhas.

Compreender

2 Veja a litografia sobre a Festa do Divino, leia a legenda e responda.

Pedindo para o Espírito Santo, litografia de Frederico Guilherme Briggs, 1841.

a) Que elementos da Festa do Divino aparecem na litografia?

____

b) Em que ano a litografia foi produzida? ______________________

c) Marque com X as informações corretas sobre a Festa do Divino.

☐ Acontecia no passado, mas hoje não existe mais.

☐ Acontecia no passado e ainda existe atualmente.

☐ Alguns elementos usados na Festa do Divino no passado estão presentes hoje.

☐ A Festa do Divino hoje é totalmente diferente da que acontecia no passado.

Tema 3

O folclore brasileiro

O folclore

O folclore também mostra as tradições de um povo. Leia alguns exemplos de seres do nosso folclore.

Saci-Pererê

É um negrinho de uma perna só, que usa um gorro vermelho. O Saci se diverte fazendo travessuras, como fazer tranças em crinas de animais, apagar o fogo, assustar viajantes e espantar o gado.

Boto

O boto é o golfinho da região amazônica. Segundo a lenda, o boto se transforma em um belo rapaz e seduz moças. Após namorá-las, desaparece e volta a ser boto.

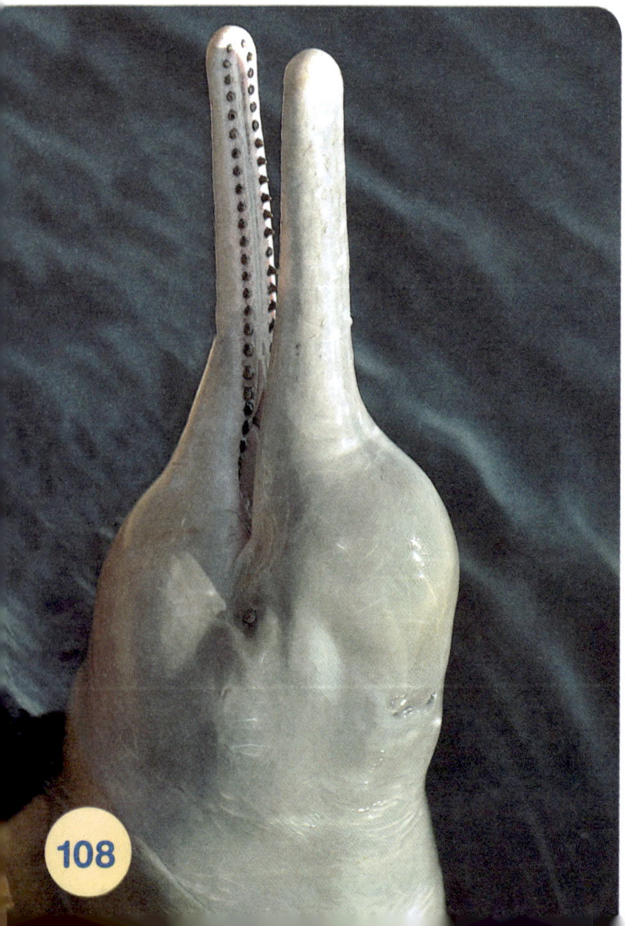

Boto-cor-de-rosa ou boto-vermelho.

Curupira

É um menino índio de cabelo vermelho que tem os pés invertidos e os calcanhares para a frente. Por ter os pés para trás, deixa pegadas na mata que enganam caçadores, viajantes e aqueles que o perseguem. O Curupira protege os animais das florestas.

Caipora

O Caipora é explicado de diferentes maneiras, de acordo com cada região. Em uma dessas versões, o Caipora é um menino indígena, muito escuro e ágil, que aparece montado em um porco-do-mato. O Caipora é o protetor dos animais da floresta e é capaz de ressuscitá-los.

Iara ou Mãe-d'água

É uma bela moça indígena de longos cabelos negros. Com seu canto, atrai homens para o fundo do rio, de onde não voltam.

ATIVIDADES

Recordar

1 Marque com X as características de cada ser folclórico.

	Saci	Curupira	Caipora	Iara	Boto
Vive nas matas.					
Vive nos rios.					
Protege os animais da floresta.					
Usa a beleza para encantar.					
É descendente de negros.					
É indígena.					

Compreender

2 O texto do balão se refere a qual ser folclórico?

3 O texto do balão forma um tipo de brincadeira tradicional com as palavras. Qual é o nome dessa brincadeira?

Pesquisar

4 Escolha um ser folclórico que não foi estudado nesta unidade.

- Pesquise em livros, enciclopédias e na internet as características desse ser: a aparência física e o que ele faz.
- Escreva uma adivinha sobre o ser que você escolheu.
- Depois, mostre a adivinha a um colega e veja se ele consegue descobrir de quem se trata.

O que você aprendeu

Recorde as ideias principais

- Existem festas tradicionais, religiosas e populares.
- A Festa do Divino é uma festa muito antiga, mas ainda é realizada atualmente.
- As festas, as comidas, o artesanato e o folclore pertencem às nossas tradições.

Aplique o que aprendeu

1 Complete o esquema com estas palavras.

lendas Carnaval rendas Natal adivinhas

As comunidades
têm

- festas
  - por exemplo
    -
    -
- artesanato
  - por exemplo
    - bonecas de pano
    -
- folclore
  - por exemplo
    -
    -

2 Leia a letra desta canção.

“Os devotos do Divino vão abrir sua morada
Pra bandeira do Menino ser bem-vinda,
ser louvada, ai, ai.
Deus vos salve esse devoto
Pela esmola em vosso nome.
Dando água a quem tem sede,
dando pão a quem tem fome, ai, ai.
A bandeira acredita que a semente seja tanta,
que essa mesa seja farta
que essa casa seja santa, ai, ai.”

Ivan Lins; Vitor Martins. Bandeira do Divino.
CD *Brasil de A a Z*, 2002. Disco 1.

- A canção se refere a que festa tradicional brasileira?

____

3 Faça um desenho de uma festa, de um artesanato ou de um ser folclórico característico de sua cidade ou estado.

Meu Vocabulário

Ficha 1 Linha do tempo

Como eu entendo

Como eu aplico

- Uma linha do tempo:
  - [ ] serve para mostrar todos os acontecimentos que ocorreram em um período.
  - [ ] apresenta marcos de tempo, com períodos que podem variar, como dias, meses, anos, séculos etc.
  - [ ] deve começar sempre do marco inicial, como o nascimento de uma pessoa ou o início da história de um país.
  - [ ] serve para organizar alguns acontecimentos que ocorreram em um período.

Como eu explico

Ficha 2 Documento

Como eu entendo

Como eu aplico

- Para que servem os documentos?

- O que aconteceria se você não tivesse documentos?

Como eu explico

Ficha 3 Presente

Como eu entendo

Como eu aplico

- Leia alguns significados da palavra “presente”.

1 Pessoa que se encontra em um lugar, que presencia um evento.

2 Tempo ou momento atual.

3 Algo que se dá a alguém para agradar, parabenizar ou agradecer.

Agora, leia as frases e escreva o número que corresponde a um dos significados anteriores.

a) ☐ Renata é uma pessoa que vive o presente. Ela não deixa nada para depois.

b) ☐ Comprei um presente de aniversário para mamãe.

c) ☐ Fábio não poderá estar presente na reunião, pois está doente.

Como eu explico

Ficha 4

Passado

Como eu entendo

Como eu aplico

- Leia a mensagem de *e-mail* que Luana mandou para sua amiga Roberta.

Oi, Betinha, tudo bem?

Cheguei em Fortaleza anteontem. Estava um dia lindo, com muito Sol! Ontem fui ao município de Caucaia, onde fica a Praia de Cumbuco. Andei de *buggy* pelas dunas e foi muito emocionante! Hoje vou conhecer o Museu Dragão do Mar. Daqui a três dias retorno a São Paulo e mostrarei a você as fotos que tirei.

Beijos, Luana.

a) Sublinhe de vermelho os acontecimentos relatados por Luana que ocorreram no passado.

b) Que expressões ajudaram a reconhecer os acontecimentos do passado?

Como eu explico

Ficha 5 Futuro

Como eu entendo

____

____

____

____

Como eu aplico

- Preencha a linha do tempo seguindo as instruções.

  - Desenhe uma estrela no ano em que estamos hoje.
  - Trace uma linha vermelha da estrela até o ano de 2018.
  - Trace uma linha azul da estrela até o ano de 2009.

2009	2010	2011	2012	2013	2014	2015	2016	2017	2018

a) O ano em que você marcou a estrela se refere ao:

☐ passado. ☐ presente. ☐ futuro.

b) A linha vermelha se refere ao:

☐ passado. ☐ presente. ☐ futuro.

c) A linha azul se refere ao:

☐ passado. ☐ presente. ☐ futuro.

Como eu explico

____

____

____

Ficha 6

Patrimônio

Como eu entendo

Como eu aplico

- Um patrimônio:

☐ deve ser preservado.

☐ não tem importância para a população.

☐ pode revelar aspectos da história local e de um povo.

☐ é protegido para que as futuras gerações possam conhecê-lo.

Como eu explico

Créditos das fotos

(da esquerda para a direita, de cima para baixo)

As imagens identificadas com a sigla CID foram fornecidas pelo Centro de Informação e Documentação da Editora Moderna.

p. 14 Arquivo particular; Arquivo particular; Arquivo particular

p. 15 Arquivo particular; Lucila Wroblewski/SambaPhoto, Arquivo particular; Arquivo particular; Arquivo particular; Arquivo particular; Photodisc/Getty Images, Arquivo particular

p. 18 Fabio Colombini; Fabio Colombini

p. 20 Walt Disney Pictures/Pixar Animation Studios/Everett Collection/Keystone; Walt Disney Pictures/Pixar Animation Studios/Everett Collection/Keystone

p. 21 Walt Disney Pictures/Pixar Animation Studios/Everett Collection/Keystone

p. 22 Fabio Colombini; Fabio Colombini; Gilbert S. Grant/Photo Researchers, Inc./Latinstock

p. 23 Arquivo particular; Arquivo particular; DK Stock/Other Images; Mango Productions/Corbis/Latinstock; Picture Partners/AGE Fotostock/Keystock; Corel/Stock Photos; Ken Weingart/Alamy/Other Images

p. 29 Mauricio de Sousa Produções

p. 32/33 Galeria Jacques Ardies

p. 34 Fernando Favoretto/Criar Imagem

p. 36 TV Yesterday/Interfoto/Imageplus; Bildarchiv Hansmann/Interfoto/Imageplus – Puppenmuseum, Munique; Coleção particular, São Paulo

p. 37 Fernando Favoretto/Criar Imagem

p. 38 Renata Meirelles; Renata Meirelles; Renata Meirelles

p. 44/45 DreamWorks Distribution/Paramount Pictures/UIP

p. 46 David P. Hall/Corbis/Latinstock; JLP/Sylvia Torres/Corbis/Latinstock; Ronnie Kaufman/Corbis/Latinstock

p. 47 The Bridgeman Art Library/Grupo Keystone – Coleção particular

p. 50 Museus Castro Maya, Rio de Janeiro; Fundação Casa de Cabangu, Santos Dumont

p. 53 Coleção particular

p. 60 Zig Koch/Natureza Brasileira; Delfim Martins/Pulsar Imagens; Alexandro Auler/JC Imagem; Haroldo Palo Jr./Kino

p. 62 Alípio Z. da Silva/Kino; Rubens Chaves/Pulsar

p. 66 Marco Antonio Sá/Kino

p. 68/69 Picture Post/Hulton Archive/Getty Images

p. 70 Haroldo Palo Jr.

p. 72 Pinacoteca do Estado de São Paulo; Eduardo Santaliestra – Centro de Referência em Educação Mario Covas, São Paulo

p. 73 The Bridgeman Art Library/Keystone

p. 74 Stockxpert; Stockxpert; Biblioteca da Editora Melhoramentos; Fernando Favoretto/CID

p. 75 Museu Virtual da Educação, Universidade Estadual de Goiás; Fernando Favoretto/CID – Memorial da Educação/Centro de Referência em Educação Mario Covas; Museu Virtual da Educação, Universidade Estadual de Goiás; Museu Virtual da Educação, Universidade Estadual de Goiás

p. 78 Epitácio Pessoa/Agência Estado; Tom Grill/Corbis/Keystone; Michael Poehlman/Getty Images

p. 79 Jose Luis Pelaez Inc./Glow Images/Imageplus; Renato Spencer/JC Imagem; Alexandre Tokitaka/Pulsar Imagens; Fernando Favoretto/Criar Imagem

p. 81 Bambu Productions/Iconica/Getty Images; Alexandro Auler/JC Imagem; Stock Connection Blue/Alamy/Other Images

p. 82 Alexandre Tokitaka/Pulsar Imagens; Caio Guatelli/Folhapress

p. 83 Pat Canova/Index Stock Imagery/Latinstock

p. 84 Lewis Hine – Biblioteca do Congresso, Washington; Coleção Gilberto Ferrez/Acervo Instituto Moreira Salles, São Paulo

p. 87 Ministério do Desenvolvimento Social e Combate à Fome

p. 88 Paulo Whitaker/Reuters/Latinstock

p. 92 Mauricio Simonetti/Pulsar Imagens

p. 93 c./Shutterstock

p. 94 Arquivo/Agência Estado; Dorival Moreira/SambaPhoto

p. 96 Delfim Martins/Pulsar Imagens; Cristina Floria; Edson Sato/Pulsar Imagens

p. 99 Ricardo Azoury/Pulsar Imagens; Tiago Queiroz/Agência Estado

p. 100 Delfim Martins/Pulsar Imagens

p. 104 Wilson Pedrosa/Agência Estado; Alexandro Auler/JC Imagem

p. 106 Rafael Hupsel/Folhapress; Delfim Martins/Tyba

p. 107 Fundação Biblioteca Nacional, Rio de Janeiro

p. 108 Haroldo Palo Jr./Kino

p. 122 Javier Jaime Sánchez/CID; Javier Jaime Sánchez/CID; D. Hurst/Alamy/Other Images; Paulo Fridman/SambaPhoto; Julián Rovagnati/Shutterstock

Estes adesivos devem ser utilizados na atividade 1, página 35.

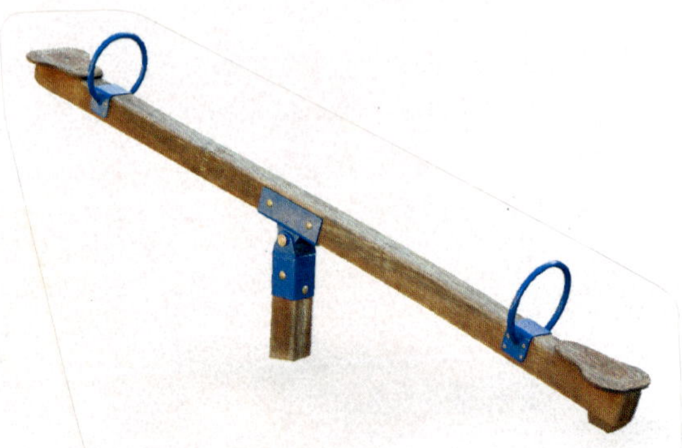

Estes adesivos devem ser utilizados na atividade 2, página 65.